LA DINÁMICA
DEL YO SOY

Un encuentro con mi autenticidad

Mara Luz

Editado por Voz de Loto
Diseño por Paulina Stephanie

Facebook: Mara Luz Nueva Tierra
YouTube: Mara Luz Nueva Tierra
Página web: http://nueva-tierra-mexico.webnode.es/
Correo electrónico: nueva.tierra.mx@gmail.com

Agradecimientos

Quiero agradecer a todas las personas que me motivaron, ayudaron, sanaron y corrigieron en este camino de arranque como autora, comenzando por mi familia, quienes siempre han creído y respetado mis caminos y decisiones.Quiero agradecer a Herlinda Guerra, Berenice Mercado, Paty Gesino, Alejandra Romero, Fernando Mol, Magali González, Paulina Stephanie, a Gabriela Robledo, quienes de principio a fin han sido piezas clave en la creación y materialización de este libro. Y, por supuesto, agradezco a Marcela Cortés, quien con todo su amor y apoyo procura cada día mi bienestar y realización.

Dedicatoria

Quiero dedicar este libro a todos mis clientes y exalumnos que han creído en mi trabajo y han disfrutado de los frutos de este autoconocimiento, llenándome de orgullo y alegría por la forma en la que han conquistado su empoderamiento y transformado sus vidas en libertad y plenitud.

ÍNDICE

En un lugar recóndito del espacio sideral,
dos destellos divinos de Yo Soy se encontraron por primera vez.

YO SOY LUZ: ¡Hola! Mi nombre es Yo Soy, ¿tú cómo te llamas?

YO SOY OSCURIDAD: Me llamo Yo Soy.

YSL: ¿Cómo?, ¿te llamas igual que Yo?

YSO: ¡De ninguna manera! Mi Yo Soy es diferente a tu Yo Soy, aunque seamos un solo Yo Soy.

YSL: Y... ¿qué nos hace diferentes?

YSO: Mi origen es oscuro. Inicié mi carrera de consciencia en la oscuridad, pero no en la misma oscuridad de mi vecino Yo Soy. Él inició en una oscuridad más densa.

YSL: Yo inicié en la luz y la obscuridad me es molesta, me desgasta y siento que pierdo mi ser. Con algunos seres me siento recargado y con otros me desgasto. Eso para mí es mala o buena vibra.

YSO: Así pasa cuando nuestro Yo Soy es de origen distinto. Al menos yo he aprendido a tolerar la luz, a entenderla más y a convivir con ella porque, al final, somos un todo, luz y oscuridad. Somos Dios y Dios es todo.

YSL: Pues mucho gusto Yo Soy, me gustaría aprender a integrar la oscuridad en mí, sin rechazarla o juzgarla. ¿Podrías enseñarme?

YSO: No sé si pueda enseñarte porque es importante que lo vayas descubriendo; pero, puedo compartirte mi experiencia de cómo he ido entendiendo y valorando la luz e integrarla en mi origen oscuro: cuando mi esencia ha sido luminosa estos procesos se hacen más claros y mucho más fáciles. Ya iniciaste tu carrera de autoconocimiento, ¡ahora solo vive la experiencia!

Introducción

¿Quién es Mara Luz?

Mis padres eligieron el nombre de Mara para mí de una lista de posibilidades y ¡me gusta! Mi nombre significa muchas cosas, pero la que más me gusta y me identifica es "estrella del mar" porque simboliza una luz que guía y no sé por qué siempre he sentido que he venido a guiar.

Nací en Monterrey, Nuevo León, México, un 9 de octubre de 1972 a las 2 de la mañana. Soy la tercera de tres hermanos, la pequeña de la familia. Desde niña, cuando papá nos enseñaba a rezar las oraciones de la noche antes de dormir, me gustaba pensar en un ser supremo que me cuidaba a mí y a mi familia.

Literalmente, mi primera oración decía así:

Diosito, gracias por este día, ¡me divertí mucho!
Te pido que cuides a mi papá, a mi mamá, a mis hermanos,
abuelitos y toda la familia. Amén.

La gratitud y la confianza en recibir y dar el amor de forma espiritual se anidó en mi corazón muy naturalmente y me describe. Además, es el camino que elegí para vivir y experimentar esta vida. La espiritualidad y naturaleza son la base reflexiva de este libro que, a pesar de que tenga códigos lingüísticos y conceptuales cristianos, la invitación es a que juntos hagamos esta exploración y profundización más allá de lo que los conceptos religiosos nos proponen.

Soy mujer de la naturaleza, del viento y la tierra. El agua me abraza y me comunica, el fuego me motiva, la madera me enamora y el metal me despierta respeto. Mi cuerpo es la conexión perfecta con todo lo que existe en este planeta y desde niña amaba explorar por las veredas de un cerro, ya que me hacía sentir que pertenecía a este hermoso lugar llamado Gaia (Tierra).

Como lo mencioné antes, toda la percepción que tengo de la vida, de este mundo y de sus sistemas se filtra a través de mi Espíritu. Desde niña, pensaba que la vida era una prueba que Dios nos daba como un examen y que cada decisión que hacíamos era la respuesta a cada pregunta del examen. Así que entiendo que todo lo filtro por los lentes de mi espíritu, el cual es eternidad. Nacer y morir en este plano es un proceso más de la existencia del espíritu que es eterno. La reencarnación se encuentra dentro de lo que acepto profundamente, aunque debo admitir que tardé mucho en integrarla dentro de mis creencias espirituales por los límites de la religión católica en la cual me sumergí lo más profundo que quise y pude.

Para mí, hablar con la divinidad siempre fue algo natural, intrínseco y casual, cosa de todos los días. Lo he madurado y modificado a lo largo de la vida, asimilando la liberación de eliminar el juicio, romper paradigmas y respetar mi autenticidad; conquistando cada vez más mi experiencia de libertad y consciencia. Definitivamente, hoy estoy lejos de entender mi existencia desde un esquema religioso. La vida espiritual se resume en el desarrollo de la consciencia, en la experiencia y práctica del Amor.

A los 21 años, salí de casa para vivir mi independencia. Todavía influenciada por mi papá, pero definitivamente genuina en mi ser, la primera decisión que tuve para definir lo que sería mi vida fue hacer algo grande por la sanación amorosa de todo lo que vive en este hermoso planeta y las almas de todos los seres humanos.

Me encontré profundamente con Jesús a través de lo que recibía de la religión católica, además de que tenía varios años leyendo la biblia por mi cuenta y nutriéndome de su doctrina. Seguir a Jesucristo en su Iglesia Católica como Religiosa de la Cruz del Sagrado Corazón de Jesús fue mi siguiente paso. Esta es una Congregación Religiosa que vive las enseñanzas del sacrificio de Cristo por medio de la Espiritualidad de la Cruz y bajo la guía de la Sra. Concepción Cabrera de Armida, visionaria de la Cruz del Apostolado. Ella nos enseñaba a hacer sagrado cada día, ofreciendo amorosamente en unión a la ofrenda de Cristo, todo lo que se hace, se piensa y se siente para que, en la vibración amorosa del Espíritu Santo, esa ofrenda se transmute en vida, salud y amor para todas las almas, especialmente las sacerdotales.

Dediqué seis años para madurar la experiencia espiritual en la vida religiosa; pero, algo en mí se marchitaba y buscaba más porque aún me sentía limitada y contrariada. A mis 27 años, decidí dejar la vida religiosa y regresar a la dinámica del mundo del cual me aparté. Tardé aproximadamente cuatro años en retomar mi vida de civil. Terminé mi carrera de Licenciatura en Artes y comencé a trabajar como docente en música, arte y espiritualidad en una de las universidades más prestigiosas de Monterrey. Pocos años después, comencé a estudiar mi maestría en Desarrollo Humano, en donde muchos paradigmas comenzaron a romperse en mi interior sobre la religión, lo masculino y femenino, el matrimonio y los hijos. Por primera vez, me enamoré de una mujer y, al romper ese paradigma de la pareja hombre-mujer, me enfrenté ante la realidad de que la Iglesia Católica percibe esta conducta homosexual como una enfermedad. Esta situación frenó mi práctica religiosa, pero no mi espíritu. Este hecho me condujo por necesidad y propia naturaleza a ir en busca de nuevas formas de amar y vivir mi espiritualidad en este planeta, siempre con la certeza de que el Creador me ama, sea quien sea, haga lo que haga.

Mi vida continuó con una búsqueda incansable y profunda de respuestas a mis preguntas de lo masculino y femenino, a lo constructivo y destructivo de la vida, y solamente las respuestas que llegaban a través de mis meditaciones y oraciones me dejaban tranquila porque venían de una consciencia que yo percibía que era infinitamente amorosa y ordenada. Mi oído espiritual se desarrolló y me di cuenta que también tenía el don de la videncia, la certeza y el olfato espiritual. Conocí el método Cyclopea de activación interna de la Glándula Pineal de la Sra. Fresia Castro y posteriormente estudié la TRE (Terapia de Respuesta Espiritual) del reverendo Robert Detzler. Estos dos maestros me guiaron al siguiente paso de mi espíritu y misión planetaria.

Desde el año 2012, he estado estudiando Sanación del Alma y he ejercido como terapeuta TRE. Desde ese entonces, comencé formalmente una nueva etapa creativa de sanación y luz. Esta nueva etapa me llevó a ser testigo de procesos hermosos. La propuesta de este libro forma parte de un proceso que continúa constantemente en cambio y crecimiento de consciencia. No es en definitiva la verdad absoluta, pero es una información que ha ayudado inmensamente a muchos que ya nos atrevimos a experimentarla.

Esta canalización llegó a mí de forma intuitiva y a través del oído espiritual que desarrollé con una conexión con mi Yo Superior. Me fue dictada (así lo experimenté) mucha información que yo iba agregando a la TRE en forma de gráficos para uso de péndulo. Más de 24 nuevos gráficos fueron canalizados a través de mí y los utilicé con muchos de mis clientes, quienes disfrutaban cada vez más los frutos de esta información y la guía de Yo Superior.

Después de varios años de estar en esta etapa, conocí a Patricia Ma. Gesino, maestra sanadora con Cristales y gemas, certificada en Thetahealing en la Ciudad de México. Ella conoció mi trabajo de sanación con mis gráficos canalizados, lo experimentó y creyó en mi trabajo, el cual promovió como genuinamente del Creador y me animó a generar mi propia terapia y método. Gracias a este encuentro con ella y al trabajo de una siguiente canalización, nació una nueva terapia que he llamado IEC (Integración y Evolución de Consciencia).

En este libro, comparto mucha de esta información canalizada, enfocándome en lo que considero el eje central en la práctica de la terapia IEC. Entendí que todo se basa en la autopercepción de nuestra identidad espiritual: El Yo Soy.

El conocimiento de nosotros mismos es una extraordinaria puerta hacia una experiencia de mayor vida, libertad, armonía y paz interior porque nos da las herramientas que ayudan a dimensionar nuestros problemas de la vida diaria y a resolverlos con mayor eficacia y fluidez.

Esta exploración reflexiva y espiritual que te iré compartiendo a lo largo de este libro se basa principalmente en preguntas y respuestas que he realizado desde abril del 2015 a mi Yo superior[1] a través de la radiestesia[2].

La experiencia de aplicar dicho conocimiento en el contexto de las terapias que imparto y los frutos que hemos obtenido mis clientes y yo en conocimiento de nosotros mismos ha sido hasta hoy el motor y la inspiración para continuar explorando este tema. Esta información del Yo Soy rompe de alguna manera el paradigma de "lo bueno" y "lo malo", de "lo bonito" y "lo feo", porque nos conduce a la maravillosa experiencia de la unidad.

Todos los seres que experimentamos la dimensión de la materia vibramos. Así lo entendí en la dinámica de tres factores: un origen, una esencia y una trinidad. Estos factores, origen, esencia y trinidad, pueden estar jugando un papel sumamente importante en el desarrollo de la consciencia y, por lo tanto, en la evolución personal y universal.

1   Yo superior: Es la mente supraconsciente donde podemos visualizar los acontecimientos de nuestra vida, desde fuera de nosotros y donde Dios habita, a través de una o millones de consciencias que nos guían, enseñan y conectan con Espíritu.

2   Método terapéutico en el que se analiza al cliente conectando con su Yo Superior a través de un péndulo y gráficos que describe áreas físicas, psicológicas y espirituales.

Partiendo del orden dual del universo material, luz y oscuridad, dualidad de referencia espiritual en el orden de todo lo que es y existe, cada ser creado puede llevar en sí mismo un origen en el proceso evolutivo de consciencia y este puede ser: luz u oscuridad. Estos dos polos son los primeros que se mencionan en muchos libros sagrados como base fundamental del conocimiento espiritual.

Te comparto algunos ejemplos:

EL ORIGEN DEL UNIVERSO SEGÚN LOS GRIEGOS
Todo empezó con el primer ser que existió, Caos, a quien se le describe como un ser hueco, vacío y previo a todo. Después aparecieron Gea, la Tierra, Tártaro (lo más parecido al infierno cristiano) y finalmente Eros, el amor. De la tierra se originan el cielo (Urano), las montañas y el mar (Ponto). Gea se unió con Urano, dando origen a los titanes. Esto es simbólico porque los titanes eran seres gigantescos que literalmente podían tocar el cielo. Los titanes simbolizan la unión del cielo y la tierra. De los titanes que se destacan en la mitología griega se pueden mencionar a Océano, Hiperión, Tetis, Rea y Cronos, siendo este último el más importante.[3]

EL ORIGEN DEL UNIVERSO SEGÚN LOS EGIPCIOS
Según en el principio del tiempo, solo existían inmensas masas de aguas turbias cubiertas por absolutas tinieblas, por una oscuridad que no era la noche, pues esta no había sido creada todavía.

3   Olazabal, E. (3 de Junio de 2016). EL ORIGEN DEL UNIVERSO SEGÚN LOS GRIEGOS. Obtenido de Prezi: https://prezi.com/oxbn5c_izp09/el-origen-del-universo-segun-los-griegos/

Este era el océano infinito conocido por los egipcios como el océano primordial Nun, que contenía todos los elementos del cosmos. Pero, aun así, no existían ni el Cielo, ni la Tierra, tanto los hombres como los dioses, ya que aún no habían sido creados. No había vida, ni muerte. El espíritu del mundo se hallaba disperso en un caos inmenso, hasta que tomó consciencia y se nombró a sí mismo. Así nació Ra, el dios del Sol.[4]

EL ORIGEN DE LA CREACIÓN SEGÚN LOS AZTECAS

Según los aztecas, el creador de todo fue el dios Ometecuhlti quien, junto a su esposa Omecihuatl, creó toda la vida sobre la Tierra. Esa pareja cósmica dio a luz a los cuatro dioses que más tarde crearían cada uno de los soles y estos, a su vez, a más de 1600 divinidades. Según la mitología azteca, antes de nuestro sol, que es el quinto, existieron otros cuatro. Para los aztecas, nosotros vivimos en la quinta creación, o en la quinta era. La leyenda mexica señalaba que cada uno de esos dioses luchaba por la supremacía en el mundo, empleando cada uno su propia fuerza: tierra, fuego, viento o agua. Mientras esas fuerzas se mantuvieran en equilibrio, el mundo estaría en orden y podía existir la era de un sol; sin embargo, si se producía un desequilibrio cósmico, ese sol, junto con los humanos, desaparecería.[5]

EL ORIGEN DE LA CREACIÓN SEGÚN LOS CHINOS

Universo era el del caos más absoluto. Aquel Universo primigenio era en realidad un gran huevo de color negro,

---

4   Hart, G. (s.f.). Mito de la creación egipcio. Obtenido de Wikipedia: https://es.wikipedia.org/wiki/Mito_de_la_creaci%C3%B3n_egipcio
5   Entre Clásicos y Modernos. (4 de Diciembre de 2010). El origen del universo según los aztecas. Obtenido de Entre Clásicos y Modernos: https://entreclasicosymodernos.blogspot.com/2010/12/el-origen-del-universo-segun-los.html

dentro del cual dormía en un largo sueño el dios P'an-Ku (o Pangu). Su sueño se prolongó durante 18,000 años. Cuando P'an-Ku finalmente despertó, se sintió atrapado dentro del huevo y con un hacha lo hizo pedazos para poder salir.[6]

Más allá de todos los intentos que hagamos para "volver en el tiempo" usando nuestra imaginación, llegaremos siempre a un callejón sin salida. Detrás de la pared que encierra ese callejón, solo hay una cosa: misterio. Pero si bien, más allá de esa pared, nuestras mentes racionales o lógicas no pueden avanzar, nuestro lenguaje e imaginación pueden hacerlo, partiendo hacia el reino de lo mítico, lo imaginario y lo poético. Al leer la Creación bíblica o la descripción detallada del "Big Bang", estamos funcionando en forma imaginativa o metafórica, pero no literal ni científica.

REFLEXIÓN DE DIEGO EDELBERG
Todos los relatos imaginarios, míticos y poéticos, todos aquellos sobre la Creación son verdaderos. Justamente, la poesía y el mito son verdaderos porque su relato no es históricamente certero o real, sino imaginario. Ya que entendemos como son (simples relatos imaginarios, poéticos o metafóricos), sabemos que no intentan demostrar un hecho real, sino ofrecer "sentido" y en ese "sentido" nadie puede negar que son verdad. Así cada relato religioso o científico captura una parte de la Creación. De ambos relatos, aprendemos que nuestro mundo mantiene un frágil balance natural e histórico. Aprendemos que nuestro mundo y nuestra vida parecen ser un patrón

---

6   Marquez, J. (10 de Febrero de 2014). El mito de la Creación en la mitología de China. Obtenido de Sobre Leyendas: https://sobreleyendas.com/2014/02/10/el-mito-de-la-creacion-en-la-mitologia-de-china/

ordenado que por momentos experimentamos también en forma tremendamente desordenada.[7]

Esta última reflexión que nos comparte Diego Edelberg coloca las bases de la información que presento en este libro, dentro de esa búsqueda reflexiva y espiritual del origen del ser (luz y oscuridad, orden y caos, masculino y femenino). La información que he canalizado conectando con Yo Superior sigue siendo procesada por mi filtro personal con herramientas conceptuales de mi vida. Siendo sincera con ustedes, lectores, si no se encuentran abiertos al universo de conceptos espirituales o a la experiencia de la canalización que muchos seres humanos recibimos de conciencias superiores que nos dictan, cierra este libro, no tiene caso que sigas. La apertura de espíritu es el perfil de lector de la información que entrego.

***

Volviendo al tema de la información que recibí de la dinámica del Yo Soy, todo comienza con el origen de cada uno de nosotros como entes derivados de una fuente Creador/Creadora de todo lo que es. Ser de origen luz o de origen oscuridad está lejos de lo bueno o malo. Ambos son ordenados, valiosos y necesarios en el proceso evolutivo universal, rompiendo con esto el paradigma de lo bueno y lo malo.

Poder conocer un poco más de nuestro ser aquí en esta experiencia humana a través de la dinámica del **YO SOY** es la finalidad de este libro. La información que te comparto es una forma muy personal de entender más de mi experiencia humana.

---

7   Edelberg, D. (7 de Marzo de 2013). El Verdadero relato de la Creación del Mundo. Obtenido de Judíos y judaísmo: http://www.judiosyjudaismo.com/2013/03/el-verdadero-relato-de-la-creacion-del-mundo/#L5epf83wmqvhhA-TO.99

La he compartido y ya la disfrutamos muchas personas que nos hemos aventurado a explorar lo que es nuestro origen, esencia y trinidad. Así, hemos gozado de la fuerza que nos da para empoderarnos y conocer la razón de nuestro existir aquí y ahora, ya que es tremendamente reveladora y congruente en cada uno.

I

LA DINÁMICA DEL YO SOY

13 Moisés insistió: —Bien, yo me presentaré a los israelitas y les diré: "El Dios de sus antepasados me envía a ustedes". Y si ellos me preguntan cuál es su nombre, ¿qué les responderé? 14 Dios contestó a Moisés: —Yo Soy el que Soy. Explícaselo así a los israelitas: "Yo Soy" me envía a ustedes.
Biblia de América, Éxodo 3, 13-14

El Yo Soy es el nombre del Creador para el pueblo judío y la religión cristiana entre otras. Sobre esta línea espiritual se basa la información de este libro, el cual está lejos de pretender ser religioso. Simplemente, la práctica de esta religión me dio la referencia para profundizar en un concepto que para mí se ha convertido en una forma profunda de autoconocimiento: el Todo, resumido en una identidad misma.

Decir Yo Soy es existir en la consciencia universal del Creador/ Creadora de todo lo que es y en la Unidad perfecta de todo lo que existe, material e inmaterial.

Dios, la Fuente, el Principio de todo o como lo quieras llamar, lo entenderemos en este libro como el Yo Soy, total, presente, infinito y eterno, quien disfruta contemplarse a sí mismo. En esa contemplación se desglosa, se crea, se divide ilusoriamente para analizarse, congratularse y divertirse. Sin dejar de ser el Todo, él creó el universo de la percepción dual, el universo conceptual de los opuestos, con los cuales puede contemplarse infinitamente y crearse a sí mismo, sin fin. Es un Todo que siempre está dinámico, tal como lo somos cada uno de los destellos de sí mismo.

Cada destello de su ser (nosotros), en esta dinámica, está vibrando en todo lo creado; es decir, en todas las dimensiones materiales e inmateriales. Los seres humanos formamos parte de esta dinámica. Así que con todo, puedo expresarme y reflejarme conmigo misma como un Yo Soy, un destello con el cual Dios se contempla a sí mismo, existiendo de forma perfecta en todo lo que es y existe. La consciencia que se despierta en mí, a través de esta perspectiva, me ayuda a desarrollar la capacidad de conectarme con todos y cada uno de los destellos de mi universo, integrándolos en mí misma.

Yo soy la que Soy y todo lo que Soy.

En la dinámica del Yo soy de cada uno de nosotros, el primer elemento que existe es el ORIGEN.[8] Es el punto inicial de autoconocimiento, contemplación y sentido de existencia. En el universo de la percepción de la dualidad, se me dijo que una forma sencilla de entenderlo es comenzando a identificar mi origen; es decir, el inicio del proceso de consciencia personal y único que arrancó en algún punto de la luz o de la oscuridad.

Estos polos opuestos generan todas las dinámicas en todas las dimensiones incluyendo la materia, se combinan conforme adquirimos mayor consciencia y es el resultado vibracional de lo que somos en este plano humano en Gaia (planeta Tierra).

---

8   El Origen: entiéndase en esta propuesta como el inicio de un proceso de autoconocimiento, no del ser.

Somos luz y oscuridad, pero uno de los dos marca nuestro origen: el inicio de nuestro proceso de autoconocimiento hace millones y millones de vidas en esta y otras dimensiones en la luz o en la oscuridad. Ningún origen es bueno o malo, solo es opuesto y dinámico, proporcionándonos en su perfecta combinación la dinámica de autoconocimiento y consciencia multidimensional. Nuestra evolución se mueve gracias al origen opuesto creado y el viaje de la vida se desenvuelve así. Es conmovedor contemplar la totalidad de la perfecta y ordenada combinación entre luz y oscuridad, caos y orden, inercia y movimiento. Además, es apasionante percibir el proceso que se mueve dentro del tiempo, en la experiencia dual de la materia, combinando estos opuestos para generar en cada ser la propia consciencia. El símbolo del Yin y Yang representa en su perfección este movimiento entre los opuestos.

Tan bella es la luz como la oscuridad, tan hermosa es la suavidad como la dureza y la paz como la violencia cuando se comprende cómo ambas generan esta dinámica de consciencia en el perfecto equilibrio divino.

El segundo elemento es la **ESENCIA**, la cual es la sintonía que cada uno de nosotros hace con cada destello del Todo. Cada esencia se va conectando con las demás de forma experiencial y, por este motivo, es dinámica y temporal. Como en toda experiencia de consciencia se tiene un principio, un desarrollo, una madurez y un culmen de sabiduría consciente en cada esencia que se experimenta, sabemos que son ciclos para experimentar cada esencia divina en nuestro ser. Por eso, la esencia es cambiante en nuestra evolución.

El tercer elemento que me llegó en la dinámica del Yo Soy es la **TRINIDAD**. Cada uno de nosotros experimenta tres vibraciones que, a pesar de ser distintas, se experimentan como una sola cosa, marcan la personalidad y la experiencia gozosa de sí mismo de forma única e irrepetible en el momento presente y en la dimensión que hemos elegido que atraviese nuestro proceso consciente. Somos seres multidimensionales y tenemos un número infinito de cuerpos dimensionales que interconectan con el Todo; pero, para experimentarnos en consciencia, vamos desglosando la experiencia transportando nuestro punto de evolución consciente, dimensión tras dimensión, creando ciclos y procesos.

A través de este libro, expresaré tal cual la canalización como la recibí, con afirmaciones que llegaban a mi percepción, la cual yo codifiqué en un lenguaje basado en el razonamiento que tiene mezclada mi cultura, mi formación religiosa y mi expresión personal. Y esto, como todos lo sabemos, está presente en todo lo que es inspirado por el espíritu. Repito, no pretendo transmitir una verdad absoluta, solo quiero compartir una información que puede abrir la posibilidad de evolucionar en nuestra experiencia de autoconocimiento desde una perspectiva espiritual.

II

EL ORIGEN

El primer elemento en la dinámica del Yo Soy para el ser humano es el origen: es en la luz o en la oscuridad. Cada ser tiene su propio origen.

El origen de todo lo que existe también se le conoce como Fuente, Dios o Yahveh. Lo esencial de esto es que todos estos conceptos se refieren a algo o alguien omnipotente, omnisciente e infinito. Siendo así que, por lógica espiritual, no hay un origen; sin embargo, coexistimos en el tiempo de la materia dinámica divina que se originó, según la ciencia, en el Big Bang y que conlleva ciclos, etapas, creatividad y evolución.

Ahora bien, lo que quiero decir cuando me refiero al origen es al inicio de la existencia de mi ser en el tiempo-materia. Gracias al tiempo, podemos percibir el nacimiento y muerte de lo que va evolucionando y que, a su vez, vuelve a nacer y a morir cuantas veces sea necesario, formando ciclos. A pesar de que los maestros espirituales nos revelan que no existe el tiempo, ni el espacio (verdad que no cuestiono en el universo espiritual); los que existimos en la dimensión material, aquí en Gaia, percibimos claramente el desarrollo de un tiempo y distancia de los cuerpos en el espacio, así como el crecimiento de nuestro cuerpo material al pasar del día a la noche, cuantos días queramos contar y cuantos años resulte la suma.

Las creencias religiosas y espirituales alrededor del planeta refieren el origen del mismo en la oscuridad[9] o el caos en distintas dinámicas con la luz o el orden. La dualidad se encuentra presente en todo análisis sobre el origen del universo que se ha realizado en la historia de la humanidad.

Cuando me refiero a origen, dirijo mi enfoque a nuestro ser único en la creatividad de Dios, nuestro ser quien tuvo un nacimiento y, al verse en la existencia, generó la primera decisión: eligió iniciar su autoconocimiento en la luz o en la oscuridad. Este origen ha sido, es y será infinitamente su principio, independientemente de la evolución que experimente vida tras vida en la dimensión que el orden divino le propone experimentar.[10]

¿Y cómo saber cuál es tu origen? Es posible que, conectando con Espíritu en el silencio de una meditación, lo escuches o lo veas desde tu Yo Superior. La parte de Dios en ti te lo dirá. O puedes recibir ayuda de algún maestro espiritual.

Sin embargo, si logras silenciar tu mente y te concentras en recibir la respuesta de tu origen, esta llegará como una revelación que te conmoverá hasta lo más profundo. La señal de esta respuesta es un genuino amor a ti mismo como ser divino.

---

9   En el principio creó Dios los cielos y la tierra. 2 Y la tierra estaba desordenada y vacía, y las tinieblas estaban sobre el haz del abismo, y el Espíritu de Dios se movía sobre el haz de las aguas. Gen 1, 1-2.

10   En algún momento del tiempo experiencia material, decidimos iniciar nuestro autoconocimiento y esta fue la primera experiencia en libre albedrío. Así se me ha sido revelado por Espíritu.

Mara Luz. (2011). Contemplando mi Origen. [Pastel sobre cartulina negra]. Monterrey.

III

LA ESENCIA

En algún punto de la evolución de cada ser, inicia el recorrido de la esencia que es la sintonía de tu ser con algún aspecto del Yo Soy que contribuya a la dinámica de autoconocimiento. La esencia puede ser cualquier cosa que vibre en la existencia: amor, paz, unidad, dureza, división, fortaleza, diversión, cuidado, etc. El conjunto dinámico de origen y esencia es el 80% de la información de la dinámica de tu Yo Soy. La esencia tiene un ciclo de nacimiento, desarrollo, madurez y cierre que puede durar miles de vidas.

En esta vida, por ejemplo, puedes tener una combinación de origen oscuro con esencia luminosa de unidad, lo que quiere decir que estos dos aspectos divinos vibran en ti, provocando de forma perfecta la consciencia de unidad en tu universo personal y en todo lo que te rodea. En cuanto al origen oscuro, si este se genera también en tu personalidad, en los demás, se generará automáticamente una crisis. Cuando se vive esa crisis, es entonces cuando se entiende el significado de la unidad desde lo mental, emocional, hasta lo físico y material.

Si yo convivo con esa persona, mi vida se verá confrontada en el tema de la unidad y me provocará la separación. Valorar ambas experiencias me generará la consciencia de unidad y todo gracias a la combinación del origen oscuro y esencia luminosa de esta persona que vibra naturalmente en esta combinación específica que se ha sintonizado conmigo para crear una experiencia mutua de aprendizaje y consciencia.

No se puede definir con exactitud aún cómo influye el origen en cada ser, las combinaciones son infinitas y la dinámica de autoconocimiento debe llevarnos desde el amor hasta el odio de nosotros mismos. Depende del punto de aprendizaje en el que nos encontremos para experimentar la experiencia del Ego[11] o del Yo Soy a través de la dinámica entre origen y esencia.

La esencia también puede vibrar en luz o en oscuridad. Cuando la esencia vibra en luz produce consciencia, es como un clic y "nos cae el veinte" de lo que la esencia sugiere. Hay personas que con su simple presencia generan consciencia, nos ayudan a darnos cuenta de cosas que dependen de la esencia de quien la transmita.

Cuando la esencia vibra en oscuridad produce crisis, procesos que destruyen creencias y paradigmas a través del Ego; no obstante, en el orden divino universal, son necesarias y perfectas en su oscuridad, ya que sin ellas no podríamos evolucionar. La esencia vibra por el simple hecho de que existes, no tienes que hacer nada, solo ser tú. Es perfecta porque es Dios. Aunque el Ego te engañe y te siembre miedo a ser tú mismo, la dinámica del Yo Soy vibrará por sí misma más allá de las propias limitaciones.

La consciencia ya es y existe en toda su infinitud divina y siempre es luz. Pero en la experiencia de la dualidad de la materia,

---

11   El Ego es nuestra propia dualidad en el universo material, representa lo que no somos para experimentarnos de forma opuesta al Yo Soy y luego retornar. El Ego es el maestro que llevamos en nosotros mismos, el cual nos muestra lo que no queremos ver porque es lo que no somos.

la consciencia se desarrolla y evoluciona. Permite conocer y acumular toda la información que al final se convierte en sabiduría. Es por eso que es dinámica y cambiante.

El origen oscuro, en cualquiera de sus niveles o grados de oscuridad existentes en el cosmos, es densidad e influye en el orden del universo material para generar caos. En este punto de la reflexión, solo me pregunto: ¿qué sería del cosmos si solo hubiera oscuridad?

La luz está conformada de partículas elementales desprovistas de masa. Es un conjunto de fotones que viajan a velocidad finita que cambian de velocidad dependiendo del medio por el que viaje. La oscuridad es el espacio donde la luz puede jugar con la velocidad de su vibración. Ambas dinámicas son responsables de los factores que en combinación generan la materia. ¿Qué sería del cosmos si solo existiera luz? Tener solo luz evitaría la creación de la materia. La oscuridad genera inercia y la luz genera movimiento. Entonces, cuando se combinan ¡tenemos nuestro cosmos! Cuando las dos se integran, generan la materia, la percepción del movimiento, la gravedad y la velocidad. Los niveles de luz y de oscuridad van más allá de nuestra percepción humana. Por más que queramos medir, siempre habrá más oscuridad de la que conocemos y más densidad de la que nuestro planeta es capaz de soportar, así como más luz de la que nuestros ojos puedan percibir. Solo el espíritu es capaz de llegar a esos niveles más allá de la experiencia humana.

En alguno de esos puntos, iniciamos en origen y gracias a la infinidad de combinaciones divinas, podemos experimentar todas las esencias posibles que nos den la información para nuestro autoconocimiento y consciencia del Yo Soy.

LA DINÁMICA DEL YO SOY

32

IV

LA TRINIDAD

A diferencia de la esencia, la trinidad se experimenta durante una vida en la dimensión material o física. Son tres características del planeta, únicas en su combinación que, unidas al origen y la esencia, forman a quienquiera que seas en la encarnación presente. Es mucho más dinámica que la esencia y la sintonizamos para conectar con los códigos de cada planeta en el cual hemos decidido aprender y crecer en cada ciclo o vida. La trinidad personal nos unifica en la experiencia física del planeta; pero, la vibración abarca todas nuestras dimensiones, ya que se sintoniza desde el espíritu, dándonos una personalidad divina y auténtica aquí y ahora. Cuando decimos que debemos ser auténticos, vibramos directamente con nuestra trinidad y es el camino más directo para empoderar en el lugar donde nos encontremos.

Se trata de tres vibraciones divinas del planeta en el que estamos. Cualquier código vibracional del planeta, en una mezcla de tres, nos dará la vibración que se unifique perfectamente con nuestro origen y esencia. Tratándose de este planeta Gaia, puede ser cualquier forma material, emocional, mental y espiritual en él: planta, animal, cosa o energía o la combinación de estas.[12]

---

12   Por ejemplo: en una trinidad, puede haber una mujer de corteza de árbol y hojas, femenina y sensual; un viejo sabio serio y ecuánime; un mono juguetón y travieso. La trinidad fusiona estas tres energías conceptuales, haciendo de la persona que las sintoniza un ser auténtico y divino en su entorno desde su Yo Soy.

El Ego, como en cada aspecto de nuestro Yo Soy, forma parte de la dinámica de la trinidad, forzándonos a creer que somos lo que no somos. La comparación con otros y los problemas de autoestima, además de las emociones destructivas y las heridas, son las principales herramientas que usa el Ego para confundirnos. Nos conduce por experiencias dolorosas con la función de que logremos entender cómo funciona el libre empoderamiento, ya que es solo cuando nos empoderamos que dejamos a un lado el Ego para pasar a la conexión con nuestra dinámica del Yo Soy.

Una de las principales artimañas del Ego es manifestarse a través de las 5 heridas[13] que predominan en este planeta Gaia (y quizá en otros planetas también): *rechazo, abandono, humillación, injusticia y traición*. Estas heridas son el medio principal por el cual el Ego genera la experiencia de inexistencia.
Cuando yo me dejo ser en mi trinidad, entonces soy auténtica y vibro en una personalidad divina aquí en Gaia. Sin embargo, es inevitable lidiar con el maestro Ego quien juega con la energía de las emociones, las cuales provienen de nuestros juicios y creencias.

Cada ser humano vibra en su trinidad, pero solo la consigue en consciencia y congruencia cuando conquista la expresión auténtica de su experiencia de vida terrestre. Estos tres elementos (origen, esencia y trinidad), forman la dinámica siempre creativa y cambiante del Yo soy en cada uno de nosotros.

Todas las dinámicas de la existencia del cosmos se mueven gracias a que existen millones y millones de combinaciones de esencias y orígenes tan distintas como es la creatividad divina.

---

13   Del libro "Las 5 heridas que impiden ser uno mismo" de Lise Bourbeau.

Siempre están evolucionando conforme existen, ¡el mismo universo evoluciona! Y una de sus partículas, su destello divino en forma de ser humano eres tú.

V

LA HISTORIA DE ROBERTO

Un jovencito llamado Roberto de piel aperlada, nacido en los barrios de Mérida en el Caribe Mexicano, con apenas 17 años ha formado su personalidad con rapidez, ya que es un chico sintonizado con su Yo Soy, y ha defendido desde temprana edad lo que piensa. Su instinto natural lo lleva a cuestionarse y enfocarse en la comunicación que existe en la naturaleza y en los seres humanos.

Un día por la mañana se levantó entusiasmado, ya que había quedado con sus amigos para ir a surfear a las olas altas de una playa virgen cerca de Progreso. Se levantó, se dio un refrescante baño y preparó sus cosas. Su madre, una mujer de carácter fuerte, pero de dulzura expresiva, le tenía listo un sándwich y fruta para el día. Llamó a su hijo para que se apurara y no llegara tarde. Roberto le agradeció a su mamá por el desayuno, tomó su comida, su tabla de surf y su mochila. Le dio un gran abrazo a su madre y salió rumbo a casa de Andrés, un joven de tez morena, cabello castaño, largo y rizado, ojos grandes verdes y una pinta de rebeldía que escondía su verdadera nobleza. Andrés era el mejor amigo de Roberto y juntos se dirigían a lo que se convertiría en uno de los días más difíciles y dolorosos de sus vidas.

Al llegar a la costa, se encontraron con los otros tres amigos del grupo quienes esperaban molestos porque uno de ellos, René, había estado bebiendo más de lo acostumbrado y buscaba pleito con cualquiera que lo confrontara. Nadie sabía en realidad por qué era tan rebelde si aparentemente tenía todo en la vida. La única explicación que tenían era que había sido castigado por reprobar sus materias en la escuela privada y por eso lo conocían en la preparatoria de gobierno. El padre de René era el socio propietario de una de las cadenas de supermercado más importantes del país y el dinero nunca fue problema para él. Su familia vivía en la mejor colonia de Mérida y era apreciada por el gobernador y la gente influyente de la zona.

Cuando Roberto y Andrés llegaron con los demás, la riña ya se había tornado hostil.

> *René: ¿A ustedes qué carajos les importa lo que hago o no hago con mi puta vida? ¡A nadie le importa, solo a mí y yo hago con ella lo que me dé la gana!*

Roberto rápidamente se acercó para entrar en la conversación. Sentía que podía resolver las cosas de alguna manera.

> *Roberto: ¡René!, ¿qué traes ahora?, ¿por qué te enojas, amigo?*
> *Andrés: ¡No te metas!*
> *Roberto: ¡Nadie se atreve a decirle al fregado René lo pendejo que se está comportando y ya me cansé!*
> *René: ¡Nadie me dice pendejo, hijo de puta!*

Acercándose con seguridad, firmeza y con un aire de calma y sabiduría, Roberto entró al círculo de la conversación, mirando a René a los ojos.

> *Roberto: ¡A ver, cabrón! ¡Ya está bueno de que te valga tu vida! ¡Vas despotricando que a nadie le importas y eres tú el que no te importas a ti! Estás borracho. ¿Así te vas a meter al mar a surfear, arriesgando tu vida y arruinando la nuestra por tu negligencia? ¡A mí me importas y no voy a permitir que algo estúpido pase hoy por tu falta de responsabilidad!*

Todos se quedaron callados y atónitos de que por fin alguien se había atrevido a confrontar a René, ya que era un chico que se imponía por su dinero y arrogancia, siempre jugando a desafiar a todos y creando conflicto. Sin embargo, René le contestó después de una larga carcajada.

> *René: ¡A mí nadie me dice lo que debo hacer o no! Estoy bien, ¡el alcohol me hace los mandados!*

René tomó su tabla y se dirigió a las olas mientras se reía de todo. Roberto, con la impotencia de no haber podido confrontar adecuadamente a René, se lanzó para detenerlo y se vio forzado a golpearlo. De esta manera, la pelea comenzó. Andrés, junto con los otros dos, intentaron separarlos; pero, unos golpes y patadas en el estómago dejaron sin aire a Roberto; recibió un par de rodillazos en las costillas que las dejaron lastimadas a tal grado que se le dificultaba moverse. Sus amigos lo tuvieron que ayudar y no se percataron que René se fue perdiendo en el mar surfeando en estado de ebriedad.

En menos de 15 minutos, René desapareció entre las olas y, como no era una playa pública, no tenían cerca ayuda de los rescatistas. Al darse cuenta que René no aparecía, Andrés y los otros dos entraron rápidamente al mar a buscarlo. Para su desgracia, lo encontraron después de varias horas flotando boca abajo cerca de la orilla, unos kilómetros más adelante. Sacaron finalmente a René del mar. ¡Todos estaban atónitos y en shock!

Roberto era el único que sabía de primeros auxilios, su madre lo obligó a aprender como condición para surfear o ir a acampar. Lastimado y como pudo, después de varias sesiones de bombeo de pecho y respiración boca a boca, Roberto logró que René recuperara el conocimiento y, a pesar de que Roberto lo había revivido, lo culpó de todo. René, sin ningún cargo de conciencia, se fue y contó una serie de mentiras sobre lo que había sucedido a su familia y al final, con el dinero y poder, logró que Roberto fuera detenido e incriminado de un incidente en el que solo intentaba hacer un bien. La familia de Roberto tuvo que pagar una abundante fianza a base de créditos y préstamos, los cuales tardaron muchos años en pagar.

Roberto vivió años de culpa y arrepentimiento por haber confrontado a René y se juró a sí mismo jamás involucrarse y arreglar un conflicto sin tener una sólida preparación. El tema de la comunicación efectiva se volvió una obsesión y la retórica llegó a ser un divertido juego con el que aprendió a manipular y dominar las conversaciones. Pero, Roberto se perdió en esta obsesiva dinámica de comunicación, manipulando a los demás. Era eso o no meterse en ninguna zona de riesgo que implicara comunicación efectiva. El Ego terminó confundiendo su verdadera esencia divina y lo convirtió en un chico manipulador debido a sus inseguridades. La dolorosa experiencia de su manera de comunicarse generó en Roberto mucha soledad; pero, al mismo tiempo, también creció el interés de estudiar para ser abogado, profesión que comenzaría a apasionarle desde que comenzó, tras haber ganado una beca del 100%.

Conforme Roberto maduró, fue equilibrando su claridad en la

comunicación con la retórica y la base sólida de las leyes. En cada caso que ganaba o perdía, se perfeccionaba a sí mismo. Ayudar a la gente comenzó a sanarle sus heridas y fue entendiendo que lo que vivió a sus 17 años fue una gran plataforma de lanzamiento para encontrar su camino y misión en la vida. Finalmente, llegó el día en el que agradeció a la vida por haberse encontrado con René. Su seguridad se fue fortaleciendo y fue reconectando con su esencia poco a poco hasta convertirse en un excelente abogado.

***

Conforme Roberto maduró, fue equilibrando su claridad en la comunicación con la retórica y la base sólida de las leyes. En cada caso que ganaba o perdía, se perfeccionaba a sí mismo. Ayudar a la gente comenzó a sanarle sus heridas y fue entendiendo que lo que vivió a sus 17 años fue una gran plataforma de lanzamiento para encontrar su camino y misión en la vida. Finalmente, llegó el día en el que agradeció a la vida por haberse encontrado con René. Su seguridad se fue fortaleciendo y fue reconectando con su esencia poco a poco hasta convertirse en un excelente abogado.

***

Con esta pequeña historia, podemos analizar las cosas desde Roberto cuyo Origen es Luminoso, su Esencia es oscura y es **comunicación.** Esta combinación genera un equilibrio en luz y oscuridad por sí misma; es decir, su Origen genera consciencia, equilibrio, sencillez y paz en perfecta fusión con su Esencia oscura en cuya dinámica se deja ver dureza, inteligencia confrontante y desafiante, la cual genera una crisis de comunicación a su alrededor a través de debates, cuestionamientos y confrontaciones. En resumen, una crisis comunicativa. Por lo tanto, Roberto, en su Origen, vibra en luz y consciencia; pero, cuando se encuentra en un espacio determinado con otras personas, animales y cosas, generará por sí mismo que todo se comunique con dificultad y esta generará una crisis que, al final del día, hará entender a los involucrados el valor de la comunicación efectiva y la necesidad de la misma. El sentido de existencia en Roberto gira alrededor de las crisis y aprendizajes en la comunicación y la consciencia que esta crisis genera.

Lo que Roberto viva hacia sí mismo, en su autoconocimiento y conexión con su Yo Soy, tendrá que pasar por los efectos del Ego y en su camino hay y habrá ciertas almas que harán un contrato con él para obtener estos aprendizajes. A esta dinámica se le denomina como "contrato del alma"[14] y estos varían según el aprendizaje de cada persona. Cuando menciono "contrato", me refiero al acuerdo al que llegan las almas para ayudarse a aprender y generar experiencias. En el caso de que exista algún contrato de aprendizaje para Roberto, entra en juego el Ego encargado de generar para él la experiencia contraria a su Yo Soy que, en este caso, son los conflictos de comunicación sin resolver, dejando a Roberto envuelto en las emociones que concuerdan con las heridas que su alma decidió aprender en esta vida: el rechazo y la humillación[15].

Además, nuestro querido Roberto, de origen luminoso y esencia oscura de comunicación, necesita conocerse a sí mismo y un gran porcentaje de su existencia oscilará alrededor de la pregunta "¿quién soy?".

---

14   Un contrato, según la filosofía del Ho'oponopono, se genera cuando dos almas acuerdan vivir un aprendizaje juntas, como víctimas o como victimarios.
15   Del libro "Las 5 heridas que impiden ser uno mismo" de Lise Bourbeau.

De esta manera, él se verá forzado a firmar más contratos con otras almas que le ayuden a experimentarlo desde el Ego aquello que no es y forzarlo a encontrar el camino de consciencia de lo que en realidad él es de forma divina, en la perfecta combinación de su origen y esencia, su Yo Soy. La trinidad de Roberto que marca la pauta de su autenticidad son tres energías que conforman su personalidad: un remolino, una tabla de ajedrez y un venado (caos, desafío intelectual y la inocencia que proyecta la presencia de un venado).

Necesitará vivir vida tras vida en distintas personalidades y combinaciones trinitarias. Habrá vidas en las que seguramente experimentará la mudez, con la obsesión de necesitar comunicarse, valorar lo que es el habla y las palabras, la escucha, entre otros elementos. Asimismo, puede verse involucrado como periodista, músico, artista o escritor. Puede dedicar su vida entera a comunicar; pero, en sus relaciones afectivas, sufrir de incomunicación a través de su Ego. Se encontrará incomunicado, experimentando a través del Ego lo que no Es, para entonces así crear consciencia de quién Es. Para esto, necesita otras almas que quieran ayudarle en este aprendizaje, almas que tomen el papel de antagonistas en su vida y generar para él la experiencia de incomunicación. En la historia narrada, René fue quien hizo un contrato de aprendizaje con Roberto y, gracias a esa experiencia, entró en un proceso de empoderamiento de su Yo Soy. Una vez que Roberto ha experimentado un número determinado de vidas, todo lo que necesita es responder su pregunta de "¿quién soy?"; entonces, cerrará el ciclo de aprendizaje y comenzará un nuevo proceso de consciencia en la existencia. Tendrá una nueva sintonía, cambiando su esencia a la energía del aprendizaje sobre lo que significa vibrar en conexión como esencia luminosa.

La vida está llena de experiencias y de personas que vienen y van, unas se quedan grabadas en nuestra alma y otras se olvidan tan pronto como dejamos de convivir con ellas. Cada persona, con su origen y esencia, se combina a la perfección con nuestro universo y nosotros con ellas de forma perfecta. Son combinaciones precisas, exactas y ordenadas que generan el aprendizaje que al final se vuelve consciencia y sabiduría en todos.

VI

EL ORIGEN Y LA ESENCIA

DE NUESTRO PLANETA GAIA

Gaia es un planeta denso. Se me ha revelado que su origen es oscuro y siempre será así en toda su existencia. En estos momentos, en su proceso de consciencia, su Esencia es "Destreza y equilibrio" y es luminosa. Esta Esencia se acaba de generar a finales del 2017, ya que antes, por un largo período, tuvo la esencia de "espacio que absorbe", una que también era luminosa, todo lo que se experimentaba lo absorbía (lo que fuera): pensamiento, emoción, cuerpo, materia, energía... ¡hasta la experiencia espiritual en Gaia era absorbente!

Durante este período de Gaia, en Esencia de "espacio que absorbe", se combinaba su origen oscuro, que influía en los procesos de vida, en su materia como minerales, plantas, animales y seres humanos. Vivir en Gaia era entender y conocer la densidad de su materia y sus procesos dolorosos y dramáticos de consciencia. Pero, su esencia luminosa deslumbraba, absorbiendo y captando a tal grado que desprenderse del cuerpo físico significó un verdadero trauma, atrapando en su espacio absorbente gran porcentaje de cuerpos dimensionales, encarnación tras encarnación. Todos iban acompañados de esta dosis de dolor y crisis que, en muchos momentos, era densa, desgastante e incluso intolerable. Sin embargo, el encanto de su esencia luminosa generó muchísima adicción. Al final, absorbía y orillaba a atravesar su densidad con experiencias de contraste[16], para así forzar los procesos de aprendizaje de quienes elegimos vivir en este planeta.

¡Gaia es encantador, magnético y, deslumbrante! Enamora la belleza de su equilibrio material, sus elementos y sus dinámicas de transformación y evolución.

Hoy por hoy, Gaia atraviesa un momento de transformación vibracional y toda su dinámica de experiencia física se está recodificando. Su esencia evolucionó y cerró su ciclo en 2017; es decir, que desde ese año, Gaia vibra en una nueva esencia: destreza y equilibrio. Estamos estrenando nuevo ciclo con Gaia y todos comenzaremos a vibrar en este nuevo código.

Gaia tiene su propio cuerpo físico y su espíritu, su Yo Superior indica que experimenta 15 cuerpos dimensionales, su proceso de consciencia y su vida propia con su principio y su final. Cuando su ciclo termine, se transformará en un ser más consciente y listo para seguir evolucionando. Sus elementos, agua, aire, tierra, fuego, madera y metal, así como sus minerales y gemas, plantas y animales, tienen un corazón con el que Gaia palpita desde su centro candente. Así como nosotros tenemos un sistema cardiovascular y digestivo, Gaia tiene sus conductos de lava, sus vórtices energéticos y sus hoyos negros que eliminan su toxicidad. El agua corre y se mueve como el sistema límbico, el cual limpia, purifica y da vida a todo ser viviente que alberga.

---

16   Una experiencia de contraste se define como un acontecimiento de dolor traumático como enfermedades crónicas o sin cura, asesinato, accidentes y más.

Las plantas son sus pulmones, los ecosistemas son sus órganos, sus glándulas son los animales y los seres humanos somos sus emociones y pensamientos. Su espíritu está en todo lo que es y existe, en unión del Espíritu de Todo el cosmos. Así es como todos los procesos de cada ser humano, con sus ramificaciones y conexiones familiares en convivencia con otros seres humanos, animales, plantas, minerales y elementos, afectan en cada proceso de consciencia a Gaia y su proceso total, al mismo tiempo que Gaia nos afecta en sus procesos evolutivos como un todo dinámico y unificado.

Gaia, en su actual esencia luminosa de **"Destreza y equilibrio"**, ya comienza a afectar con su vibración divina a todos los que habitamos en ella. Todo está cambiando: las dinámicas sociales, políticas y económicas. El cuidado por la naturaleza, la energía renovable, el tratamiento de basura e incluso el control natal, son parte de la nueva manifestación de su reciente esencia sintonizada. En estos tiempos, la nueva experiencia de género masculino-femenino es revolucionaria, rompiendo con antiguos paradigmas que han dramatizado la experiencia de millones de seres humanos. Gaia está rompiendo viejos patrones basados en creencias filosóficas y religiosas y los está convirtiendo en una nueva experiencia más sencilla: la unidad.

La ciencia y la espiritualidad se reconcilian y unifican, de tal forma que la libertad en el gozo de la existencia ya comienza a perfilarse en todos, dejando atrás los patrones del deseo y la separación. La vibración energética cambia de ondas positivas/negativas a vibración horizontal (la cual aún no sé cómo se manifestará). Estos cambios contundentes generan, en este punto de la existencia, una era de estabilidad, gozo y libertad, precisamente con esta conexión de la consciencia de la dinámica del Yo Soy.

VII

PARA ENCARNAR

Y DESENCARNAR EN GAIA

"Donde fueres, haz lo que vieres". Este es un dicho popular que encaja perfectamente en la experiencia de Gaia a través de sus arquetipos[17]. Los seres humanos encajamos obligatoriamente en ellos para vivir la experiencia que nos tiene preparada cada vida. Es interesante todo el proceso por el que tenemos que pasar primero para entrar a este planeta. En el bardo (experiencia entre vida y vida), donde quiera que te encuentres y antes de encarnar, se necesitan realizar varios trámites[18]:

1. **ELABORACIÓN DE UN PLAN DE VIDA, CONTRATOS Y PROCESOS DE APRENDIZAJE.** Hay que hacer todo un plan estratégico para reencarnar, aun sabiendo que ya encarnados puede tener sus cambios a través del libre albedrío, el cual entra en juego. Aun así, se tiene un plan original con los aprendizajes más importantes y obligatorios que el alma considera durante el bardo.

---

17   Arquetipo: modelo original que sirve como pauta para imitarlo, reproducirlo o copiarlo, o prototipo ideal que sirve como ejemplo de perfección de algo.

18   Este proceso se me fue revelado en una meditación en conexión con los seres que me han dictado toda esta información. Con todo el cambio que está experimentando el planeta, no sé si estos procesos sigan siendo los mismos.

Estos aprendizajes involucran a otras almas con las que se establecen contratos de mutuo consentimiento, estas almas pueden ya estar encarnadas o aquellas que encarnarán en paralelo con nosotros. Estos contratos se activarán con las relaciones que tendrá cada alma que va a encarnar con las personas importantes que marcarán su vida. Aquí entran nuestra familia, amigos, amores, colegas, conocidos, jefes, empleados o compañeros de etapa, ya sea estudiantil, de recuperación o de proyecto. Muchas de estas relaciones son reencuentros de otras vidas y nos ayudan a dar continuidad a los aprendizajes no concluidos en vidas pasadas. Los aprendizajes quedan pendientes a través de votos de corazón, acuerdos o antiguos contratos que nos vinculan.

2. **ACUERDOS CON EL SISTEMA ANCESTRAL** que nos alojará en la vida. Los linajes que van a recibirte en tu procreación y nacimiento en cada vida deberán firmar contrato también y este es otro requisito que debe tramitarse antes de encarnar. Es posible que se encarne en el mismo sistema ancestral de tu vida anterior o ya hayas cerrado aprendizaje con ese sistema y abras uno nuevo con otro. Todo esto se analiza y se organiza en el bardo[19]. Si un abuelo o bisabuelo de un linaje específico al morir dejó un proceso a medias de karmas por asesinato, abuso o cualquier programa de energía discordante, en el proyecto de su siguiente encarnación puede levantar la mano y decir que se compromete a continuar el proceso de aprendizaje para todo ese sistema, generando un contrato que lo obligue a vivir la experiencia y la sanación para el mismo, dando como resultado, generación tras generación,

---

19   La palabra tibetana "bardo" significa literalmente "estado intermedio", también traducido como "estado de transición". Se ubica entre vida y vida.

la evolución de consciencia del sistema y, en sí mismo, la evolución de Gaia. Este proceso de continuar con el aprendizaje de un linaje, se alinea al aprendizaje del alma, ya sea para purificarlo por medio del sufrimiento o para aprender junto con el linaje.

3. **ACUERDO CON GAIA.** Nuestro amado planeta nos da sus elementos para que nuestro cuerpo pueda moverse y experimentar su vida terrestre. Encarnar con su materia nos vincula íntimamente en sus dimensiones y cuerpos; es decir, nos convertimos en parte de su ser, como las células al cuerpo. Cada habitante de Gaia aporta su experiencia de vida individual a todo el cuerpo (al planeta). Junto con los animales, plantas y minerales, los seres humanos somos un solo cuerpo y cada uno, en sus niveles de procesamiento mental, emocional y espiritual, somos el cuerpo, los órganos, cerebro, memoria y consciencia de Gaia. El acuerdo es generar nuestra experiencia como suya y viceversa. Al encarnar somos Gaia, a pesar de tener cada uno nuestra propia individualidad.

Un ejemplo sería el que Roberto acuerda con Gaia: desde la dinámica de su Yo Soy de origen luminoso con esencia oscura de comunicación, Roberto aporta evolución y consciencia en este tema. Nuestra individualidad se conectará desde el Yo Soy o desde el Ego, según lo que nuestra consciencia sintonice en cada acontecimiento de la existencia encarnada: dormir, despertar, aprender, convivir. Desde nuestro ser multidimensional, haremos conexión con todo Gaia en el éter. Este proceso está vinculado también a la forma como vamos materializando nuestras experiencias; por un lado, influidos por el inconsciente colectivo, generacional e histórico y por otro, por la inclinación natural de rebeldía, creatividad y libre albedrío. En resumen, el compromiso con Gaia es vivir nuestra experiencia de lo que vibramos desde nuestro Yo Soy o nuestro Ego en función de su evolución. Vibrar y crear desde el Yo Soy es ser auténticos; que vibrar o crear desde el Ego, de ahora en adelante, sea únicamente para sanar a fondo y construir una experiencia más libre y amorosa.

Tener todos estos requisitos cumplidos significa que estamos en condiciones óptimas para que se nos entregue un "pasaporte" de entrada a la encarnación en Gaia.

Encarnar es densificarse y entrar en un estado mucho más pesado que en el bardo. Así que la consciencia que se podía tener en esa pausa que el alma hace, entre vida y vida, se pierde en un gran porcentaje al encarnar. En la medida que nos cristalicemos en la evolución de nuestra experiencia encarnada y elevemos vibración y consciencia, la información en cada vida será más clara y nítida. Es como guardar en archivo oculto que es el alma de cada uno, todo lo que se ha vivido y se ha planeado vivir en cada encarnación; los contratos que se firmaron con otras almas (para construir una experiencia en la Tierra), se detectarán más rápida y eficazmente, en completa apertura, evitando así la predisposición en cada encuentro y aprendizaje.

Las experiencias traumáticas de vidas pasadas se guardan en la mente subconsciente en distintos niveles mentales tan ocultos y profundos que son inimaginables. Se vuelven difícilmente accesibles a la consciencia humana en el día a día; pero, cuando se logran manifestar a través de una experiencia dolorosa o de contraste, tenemos frente a nosotros la perfecta oportunidad que el maestro Ego nos da para mirarlos, hacerlos conscientes y resolverlos. Las experiencias dolorosas de la vida manifiestan los programas subconscientes profundos y ocultos donde están las creencias erróneas que nos victimizan o nos convierten en victimarios. Sanarlas es tomar la iniciativa de analizarlas, observando cómo las creamos a nivel mental y emocional. Teniendo en el consciente esta información, hay que perdonarnos y perdonar, agradeciendo a las otras almas haber sido parte de nuestro aprendizaje, amarlas y liberarlas de cualquier contrato que hayamos realizado desde el alma y, solo así, crear un nuevo decreto contrario, proyectándonos visualmente en una experiencia más armónica y amorosa.

Desde la antigüedad, el ser humano ha buscado distintas respuestas a las preguntas de su espíritu y, en el intento, ha probado muchos tipos de droga o sustancias que permiten a los sentidos extender su percepción. La búsqueda de respuestas ha sido la misión incansable de científicos, filósofos y religiosos. Sin embargo, seguimos accediendo solo a información en fragmentos que parecen un eterno rompecabezas y que, a medida que conectamos con nuestro espíritu, parecen encontrar sentido.

Los procesos evolutivos aquí los hemos percibido lentos a nivel humanidad. La sensación en esta vida como humano es aún confusa, a pesar de tener maestros espirituales que nos han heredado la clave para vivir en mayor libertad. No obstante, quienes vivimos estos tiempos del cambio y evolución, somos testigos de una sensación más acelerada que tiene una relación inmediata a la resonancia Schumann[20], la cual se ha ido acelerando en las últimas décadas y cada vez lo hace más.

---

20   La resonancia Schumann es un conjunto de picos en la banda de ELF (extremely low frequencies o frecuencia extremadamente baja, en español) del espectro electromagnético de la Tierra.

La tecnología, la ciencia y la espiritualidad están evolucionando tan rápido que es más fácil percibir los antiguos patrones destructivos de la humanidad como lo son las guerras y la separación.

Ya es tiempo de hacer consciencia de nuestro poder divino a través del conocimiento de nuestro Yo Soy. Solo en el libre albedrío del aquí y el ahora, se generarán los verdaderos y permanentes cambios para una nueva era.

La evolución de la consciencia modifica todo lo vivido y lo que está por vivirse. Las emociones y los procesos mentales y espirituales de cada situación graban y grabarán en el alma de cada uno de nosotros lo que conquistemos aquí y ahora y no hay mayor conquista que la de nosotros mismos, ya que somos el centro del orden de nuestro pequeño universo. La materia que Gaia nos ha prestado, cuando llegue el momento de dejarla al morir, la regresaremos con todo lo que logremos sanar y reparar. Lo que encarnados evolucionamos es lo que damos de evolución a Gaia. La vigencia de nuestro pasaporte aquí y la visita de nuestra encarnación se termina.

VIII

TIERRA Y CIELO

Para comprender la dinámica que cada uno de nosotros vive siendo parte de un Todo, tomemos la referencia espiritual que los maestros nos han dado al percibir que El Creador se contempla y se crea a sí mismo constantemente. Cada uno de nosotros somos el resultado de esa dinámica infinita. Todo el tiempo, el Creador se contempla a sí mismo y se crea infinitamente y, por lo tanto, nosotros en Él.

Desde nuestra individualidad, en la dinámica del Yo Soy, el Origen es un punto de partida para la carrera de la evolución de la consciencia. Pero, agreguemos a esto la experiencia de vida física y material. Es gracias a nuestro espíritu que podemos contemplarnos y conocernos en el tiempo y también en el sin tiempo de la totalidad de Dios. Es una dinámica que se da, desde la individualidad que somos, y nos va revelando el autoconocimiento en múltiples dimensiones. Sin embargo, el proceso es tan complejo como la dinámica creativa de Dios.

Podemos elegir, como seres humanos, vivir dos dinámicas de autocontemplación: la unidad (inmaterial y energética por medio de la meditación entre otras prácticas espirituales) y la dualidad (por medio de la experiencia física-material cotidiana). Cuando aprendí a meditar y a orar desde niña, entendí que podía salirme de cualquier situación desagradable como niña que era. Por ejemplo: en una discusión o pelea con mis hermanos, me escapaba a caminar por alguna vereda del Cerro del Obispado[21] y, al estar sola en la naturaleza, me conectaba automáticamente con la perfección y equilibrio de todo. Desde arriba, podía contemplar las avenidas, casas y escuelas de mi ciudad, pero se veían muy pequeñas. Esa perspectiva me sacaba de mi drama y me conectaba con mi pequeñez y, a la vez, con mi grandeza y perfección, al ser parte del equilibrio perfecto de todo.

Desde pequeña, comprendí que la vida se experimenta de dos formas: la humana que todo lo separa, y la espiritual que todo lo une. Esta última me auxiliaba para no perderme en la experiencia dramática del Ego. La vida me ha enseñado a madurar mi espiritualidad, conectándola a la vida cotidiana para entender cómo puedo ser un Yo Soy divino e infinito en cada instante terreno y humano. Entre más humana me planto en el aquí y el ahora, más divina e infinita me percibo.

El proyecto de cada ser está en la experiencia de conectar cada vez en mayor consciencia y tener un camino. Cada ser inicia en una de las dos alternativas de la dualidad: luz u oscuridad. Ninguna es buena o mala porque al final todo es una sola cosa, pero el universo de experiencias que la dualidad nos proporciona nos sugiere comenzar en uno de los dos opuestos. Por lo tanto, el origen está en algún nivel de la luz o en algún nivel de la oscuridad y cada uno vive su camino de consciencia, solo desde puntos de partida diferentes. Gracias a esta diferencia, podemos experimentar todos y cada uno de los opuestos que cada lado genera.

---

21   Cerro del Obispado, situado en la ciudad de Monterrey, Nuevo León, México.

IX

LA DUALIDAD Y LA UNIDAD

EN EL AQUÍ Y EL AHORA

La experiencia del aquí y el ahora es como un espejo frente a otro, los cuales crean una imagen que se repite sin fin. Cada movimiento que hagamos entre estos espejos encontrados, afecta la imagen hacia cada lado y cada uno representa el pasado y el futuro. Así es la dinámica del aquí y el ahora en función de lo que se vive en el tiempo y el espacio, la cual pertenece al mundo material. En este aquí y ahora, cada ser, siendo único, forma parte de otro ser que también es único y este, al mismo tiempo, forma parte de otro ser que, repitiendo el patrón original, también es único y todos forman la misma unidad en particular como en la totalidad. Como dicen los viejos indios sabios del norte de América: "Yo soy tú y tú eres yo".

Desde esta concepción del aquí y el ahora, también se experimenta la unidad de todo y con esta claridad se puede entender cómo cada órgano de mi cuerpo es único y contiene en sí mismo la vida de sus células (cada una es única) y este órgano forma parte de mi cuerpo, mi cuerpo forma parte de un planeta, el planeta forma parte de un sistema solar, de una galaxia, del universo y los otros universos que al final forman un cosmos que se crea y expande. Sin embargo, a pesar de ser todos nosotros una sola cosa, podemos cada uno de nosotros sentir, en nuestra individualidad, una división ilusoria y una totalidad dinámica.

Hagamos un ejercicio:

Imagina que eres el Creador/Creadora y cierra los ojos, como en estado de meditación. Siente tu cuerpo... cada órgano, glándula, músculo, hueso, cerebro. Respira hondo y profundo. Enfócate en esta conexión unos minutos sin dejar de saber que eres tú, cada parte de tu cuerpo tiene su propia dinámica. Ve pensando en cada órgano y parte de tu cuerpo, cada una sigue siendo parte de ti. Cada parte evoluciona junto con todo el cuerpo, pero el comportamiento de cada una varía en sí misma. Medita en esto por unos minutos más. Imagina tu esqueleto, sano e impecable en sus funciones, pero uno de tus órganos, el hígado, falla en sus funciones y envía al cuerpo toxinas que lo afectan en el intestino y en algunos funcionamientos cerebrales. Al final te das cuenta que, aunque tu esqueleto funciona perfectamente, si en el cuerpo hay algo mal, afecta a todo tu ser. Cada parte evoluciona su propia experiencia en relación a todo lo demás.

Sigue dialogando con cada parte de tu cuerpo y perdona, ama y reconfigura en amor cada una de sus funciones.

***

La vida transcurre en la percepción de la dualidad como de la unidad. Cada uno de nosotros, tenemos la libre elección de percibir la vida desde cualquiera de estos dos ángulos. Necesitamos la percepción de la dualidad y la de vida material para generar la experiencia y en ella generar consciencia; pero, en cualquier momento, podemos adentrarnos a la unidad perfecta y ordenada de todo donde no hay juicio ni condenación, sino un orden perfecto y divino porque somos seres energía. Sin embargo, surge en mí una nueva pregunta:

¿Por qué necesitamos de la percepción de la dualidad para generar consciencia?

Esta bendita y perfecta oportunidad de experimentar la existencia en la dualidad material de Gaia, que nos hace percibir las cosas como diferentes y opuestas, nos da un sinfín de experiencias que contienen procesos emocionales de construcción y destrucción de creencias. Todo esto va creando una ilusión como experiencia de camino. Durante el proceso podemos regresar al "punto de partida", creando una espiral de sabiduría, un punto donde desaparece tiempo, separación y muerte; un instante eterno donde solo hay vida, pero en mayor consciencia individual y en plena consciencia divina.

Gracias a eso, podemos entender y llegar a nuestras propias conclusiones de forma individual, integral y multidimensional, aportando nuestra evolución a la evolución de mi pequeño universo de vida como ser humano: mi ser, mi familia, mi pueblo, mi raza y mi mundo; pero también de forma expansiva, a través de mi espíritu, impactando mi sistema solar, mi universo, los otros universos hasta donde esté mi espíritu activo en la mente cósmica divina.

Es una dinámica intrínseca en la existencia. La luz genera vibraciones, la oscuridad genera densidad y hay un sinfín de opuestos entre las dos; pero, cuando la luz y la oscuridad se combinan, generan colores, matices, retos y muchos procesos en todos los niveles perceptibles posibles en el mundo material como en el espiritual. En esta dinámica se encuentra la hermosa oportunidad que tenemos para experimentar, detalle a detalle, el proceso de la vida sin dejar de vibrar en toda una eternidad perfecta.

Mara Luz. (2009). La puerta hacia mí. [Pastel seco sobre papel]. Monterrey.

X

LAS 2 PREGUNTAS

El origen y la esencia responden, de manera profunda, las dos preguntas fundamentales de nuestra existencia y nos reconectan a nuestra verdad:"

¿QUIÉN SOY? ¿QUÉ HAGO AQUÍ?

"¿Quién soy?". Al reconocernos y reconectarnos a través de la dinámica del Yo Soy, una verdad íntima y profunda se despierta en nuestra alma. Entender la razón y perfección de nuestra existencia es un gozo profundo y fortalece el sentido de la vida. Atraemos la energía vital a nuestro ser con más fuerza porque asimilamos el **YO SOY** que nos reafirma externa e internamente y el Ego, encargado de enseñarnos lo que no somos, toma un lugar fuera de nuestra identidad.

YO SOY UNA PIEZA DE LA TOTALIDAD
Y SOY PERFECTO ANTE LA VISTA DEL ESPÍRITU.
NINGUNA PALABRA HUMANA PUEDE CAMBIAR
EL YO SOY, PUES YO SOY EL QUE SOY.
YO SOY TODO LO QUE SOY.
YO SOY TODO LO QUE SOY Y TODO LO QUE ES.
YO SOY UNO CON EL TODO.[22]

---

22   Oración de Cocreación de Mario Liani.

La primera pregunta, *"¿quién soy?"*, es esencial. Aquí juega un papel muy importante nuestro Ego, a quien debemos tratar como un excelente maestro y compañero de vida porque constantemente nos da la clave para nuestro autoconocimiento. La clave es la siguiente:

· El Ego es siempre lo que no soy, el espejo que refleja a mi antagonista.

· El Ego es mi mejor aliado para autoconocerme, así que tenemos que agradecer sus enseñanzas.

· El Ego es mi propia dualidad: Ser y No Ser, Existencia e inexistencia, Vida y muerte.

El juego del Ego es engañar al Yo Soy, haciéndole creer que es lo que no es. Cuando el ser se confunde totalmente con el Ego, se experimenta lo que no se Es: una muerte en vida. Hay experiencias muy dolorosas y trágicas del ser humano o etapas complejas en cada una de sus vidas. Las dinámicas oscilan entre el suicidio, enfermedades incurables, torturas, asesinatos, locura y más. Ya hemos comentado que, para el Ego, las 5 heridas fundamentales que utiliza como herramientas de expresión son: rechazo, abandono, humillación, traición e injusticia.

Cada herida toma, desde el Ego, toda su fuerza, consumiendo y separando la percepción del mundo y de sí mismo y, por lo tanto, de su Yo Soy. Aquí, el alma recauda toda la información experiencial de aprendizaje de lo que no es su ser, solo experimentando lo que no somos es como generamos la consciencia de quienes sí somos: una dinámica perfecta del Yo Soy.

Esta es una experiencia indispensable en el proceso de consciencia, el cual dura las vidas que sean necesarias hasta que el alma adquiere todo para expandirse conscientemente en la existencia divina en la unidad del Todo.

Este proceso puede durar vida tras vida y tomar los ángulos que en Ego y nuestro Yo Soy requieran para conocer su identidad divina total. Cada ángulo de conocimiento representa un ciclo completo de vidas enfocadas a ese aspecto del Todo y una vez alcanzada la consciencia total de ese ángulo, termina un ciclo de conocimiento del Yo Soy e inicia uno nuevo que explorar.

Cada ser es un universo dentro de otro universo y así infinitamente. Nuestro Yo soy es uno de esos universos que forman parte del orden infinito del Todo. Somos seres complejos cuando nos referimos al proceso de evolución de consciencia, ya que necesitamos muchos factores de análisis que se complementan perfecta y ordenadamente en el camino. Pero, al final de un conocimiento completado y el paso definitivo de cada etapa de nuestra evolución, simplifica la percepción: a mayor consciencia, mayor simpleza.

Bajo este entendimiento, la pregunta "¿quién soy?" es constante y potencializa el movimiento evolutivo y cada paso completado simplifica la percepción de mi Yo Soy en el Yo Soy total.

"¿Qué hago aquí?". Por un lado, ejerzo la vibración de mi Yo Soy en el orden universal por el simple hecho de existir y por otro lado, experimento mi existencia aquí y ahora para el conocimiento y dinámica de mi ser. Cada momento es un segundo eterno en el sin tiempo que se encuentra en total movimiento evolutivo. El pasado, presente y futuro son la ilusión del Ego que desmenuza el autoconocimiento y la percepción. Por lo tanto, hago lo que tengo que hacer en el momento que tengo que hacerlo, sea este hecho luminoso u oscuro. El "¿qué importa?" es una ilusión de la dualidad y definitivamente al final, todo es

perfecto en el proceso total. Cada ser regula sus actos según su proceso de autoconocimiento y la experiencia de dichos actos configura y programa el miedo, la culpa, la paz, el desorden o la armonía y todos los factores emocionales y mentales que formarán, en última instancia, la mezcla de los procesos evolutivos para generar mayor consciencia.

Por lo tanto, ¿qué hago aquí? Se responde simplemente con "lo que tenga que hacer". Bajo esta perspectiva, desaparece todo juicio o creencia. "Bueno" o "malo" se convierten en simples ingredientes de la experiencia y este juicio limitante termina siendo inservible en cada proceso de autoconocimiento. Lo que antes era doloroso, con la obtención de la consciencia, se convierte en útil, amoroso y ordenado.

Un día me sentí muy mal conmigo misma porque mi Ego me hizo sentir humillada ante mi grupo de amigas. Ninguna de ellas me preguntó de mi vida durante toda la reunión y solo una se dirigió a mí, diciéndome que yo era muy rara, pero que así me quería.

Si aprovecho el evento, detectaré perfectamente cómo construí mi experiencia de autoconocimiento: Mi Ego me engaña porque me dice que soy rara. Para el autoconocimiento, yo soy diferente y única. Por este motivo, detecto lo importante que es para mi Ego lo que otros piensen de mí y me defino a partir de eso, creyéndome que soy genial y rara solo si me lo dicen. Mi Ego maestro me dice lo que no soy y, por lo tanto, cambio mi creencia de autopercepción y defino en mi vida lo auténtica y especial que soy, marcando mi diferencia en el mundo desde mi ser auténtico. Si lo hago de forma genuina, la gente automáticamente me respetará porque ya está fuera de mí el miedo a ser criticada.

TESTIMONIO

Conocer la dinámica de mi Yo Soy y saber mi esencia fue como si se hubiera encendido una chispa en mi interior. ¡Literal!

La esencia siempre está en mí con el simple hecho de existir; pero, al no estar consciente de cuál es la mía, era como no hallar sentido a la vida. En mi caso, era como vivir en "stand by", como si fuera zombi; todos los días haciendo lo mismo. Imagínense el potencial que pudiéramos tener todos si supiéramos cuál es nuestra esencia. Ese fue el regalo más bonito que Mara me pudo haber dado. Me abrió las puertas al autoconocimiento y mi potencial ilimitado, al cual somos acreedores todos los seres humanos.

Mi esencia es "encanto natural" y esta no pudiera describirme mejor. Cuando lo supe, tuve esa sensación de querer correr entre campos llenos de flores, cantando a todo pulmón con los brazos extendidos. ¡Es magia pura!

Siempre ha sido mi pasión ayudar a los demás, soy demasiado servicial y ahora todo hace sentido. Me siento muy afortunada de poder ayudar a los demás con mi presencia. ¡Una sonrisa basta para cambiarle el día a alguien más!

Daniela Domínguez de Urrutia

XI

UNA REFLEXIÓN PERSONAL DEL YO SOY

Mi alma quiere hablar del mundo que existe más allá de la cordura y la razón, donde mucho se saborea, pero no tiene una explicación concisa. Lo que se entiende es porque se vive y es completo, congruente, amoroso y ordenado.

No hay principio ni fin en el todo que es unidad divina; sin embargo, siempre está creando y evolucionando. Existe un tiempo y un sin tiempo, una distancia y una unidad aquí y ahora, podemos percibir el tiempo y disfrutar su transcurrir en medio de ilusiones que ayudan a desglosarlo y procesar la evolución.

No importa en qué punto de la dualidad comience (oscuridad o luz) porque, al fin, soy las dos cosas. No obstante, en la experiencia dinámica de la dualidad, inicio en un extremo y toda la evolución de la consciencia de mi ser se desarrolla en la experiencia de esta percepción. El origen luz vivirá la oscuridad y viceversa, como un péndulo que va de un extremo al otro marcando el tiempo de un reloj en la realidad de la dualidad, aunque en el Todo no haya movimiento porque todo está perfectamente en su lugar.

La dualidad presenta los contrarios que, al final de cuentas, son la ilusión de la creencia de que hay separación. Masculino-femenino, duro-suave, grande-chico, blanco-negro, bueno-malo, vida-muerte, cielo-infierno, frío-caliente, joven-viejo, triunfo-fracaso.

Gracias a esta dualidad, se formulan las creencias, juicios, conceptos, reacciones, decisiones, moral, emociones, procesos, experiencias y aprendizajes. Un día me dijeron que la muerte era el fin de la vida; pero, que después de la muerte, habría vida eterna o infierno eterno. Qué gran compromiso para una existencia llena de prueba y error. Al final, ya estoy viva y soy eterna porque en el cielo o el infierno seguiré viviendo; soy eterna, pero siempre estoy en movimiento, experimentando la vida de forma multidimensional, en mundos, planetas y dimensiones distintas y, como resultado, mi consciencia crecerá al grado de que entenderá que soy todo, soy Dios y Yo Soy un destello individual fundido en el Yo Soy de Todo. Pero, aunque mi cuerpo mental entienda el concepto del Yo Soy, llega siempre la hora de cambiar de plano y dimensión, y mis cuerpos se reparten en el universo. En pocas palabras, me voy a morir y voy a cerrar un ciclo más para abrir otro.

Me da miedo, no sé con exactitud adónde voy y qué va a pasar cuando me desprenda de este cuerpo, el cual es materia de este planeta. Desde mi Ego, me resisto a avanzar y entro en el dilema extremo del suicidio, de la negligencia... de la construcción de creencias y estructuras, paradigmas y programaciones. Después, me pierdo y me encuentro en mi Yo Soy, vivo lo que es aquí y ahora, como fruto y consecuencia de lo que es mi ser ahora. Vibro manifestando mi orden y desorden que en el Todo es perfectamente ordenado.
Estoy en el planeta Gaia, conocido también como el planeta Tierra. Aquí, el que no tranza, no avanza, donde la riqueza es la vida y la pobreza es la muerte. El famoso es quien brilla y el anónimo es un "don nadie". La familia es una estructura a la

que se le debe veneración y los ancestros son nuestros guardianes y nuestros verdugos al mismo tiempo. Es un planeta en plena evolución y en transición a generar el momento del salto cuántico como la órbita del electrón. Y, cada vez que experimento la transformación en mí, algo en el universo cambia. Soy la evolución del cosmos que en su perfecto Todo también está en movimiento, cambio y creatividad.

El origen es el inicio intransferible de la carrera del conocimiento de tu propio ser. Es solo un punto de partida en la percepción de la dualidad y en la eternidad de tu existencia.
Mara Luz

Es un ejercicio constante el que hay que realizar diariamente para distinguir el Ego del Yo Soy. El Ego siempre querrá defenderse para no "morir"; sin embargo, el Ego representa la muerte. Funciona perfectamente en el plano en el que vivimos, se palpa, se reconoce y nos da una identidad clara para desenvolvernos en el mundo de Gaia. ¿Cómo es entonces que el Ego no soy yo y es lo contrario a lo que realmente soy? ¡Vaya experiencia! Lo que en realidad sucede es que, a pesar de construir un Ego tremendamente famoso, capaz o millonario, el Ego es insaciable y siempre generará un vacío porque es lo que no eres y lo que exigirá ser. El Yo soy es simplemente eso, lo que Soy y me llena, lo que me da paz, lo que me coloca en la verdadera misión, mi ser y existir con la consciencia cada vez más certera a mí mismo, me ubica en el aquí y el ahora, en pleno gozo de existir. Y es por este motivo que no pide más.

XII

LA TEMPORALIDAD DE LA ESENCIA

Mi Yo Superior me dice que la Esencia es cambiante porque sintoniza una parte del Todo hasta que la conocemos completamente y es entonces cuando sintoniza una nueva Esencia. Esta última genera, junto con el origen, una vibración única que nos acompañará en un período específico de tiempo para el aprendizaje.

Cualquier acción que exista en el universo puede ser una Esencia. A continuación, te compartiré una lista con algunas de las esencias que conozco en este plano humano entre mis clientes:

1. Unidad
2. Precisión
3. Pertenencia
4. Encanto natural
5. Luz
6. Dureza
7. Sencillez mental
8. Productividad divertida
9. Verdad
10. Comunicación
11. Aprendizaje incómodo
12. Aprendizaje divertido

La esencia vibra naturalmente en ti, en la dinámica evolutiva del Yo Soy. Es una herramienta más para generar autoconocimiento real. Así funcionamos en este momento de la existencia en Gaia. No tenemos que hacer nada, solo existir. La combinación de origen y esencia es perfectamente funcional en el Todo.

La esencia vibra totalmente en la dinámica del Yo Soy, el cual existe de forma ordenada porque es el Todo. Es precisamente la dinámica de cada Yo Soy la base o cimiento sobre la cual se construye el Ego para cada ser.

TESTIMONIO

> *Yo llegué con Mara en el ámbito más oscuro, justo cuando estaba más deprimida y confundida en mi vida. La depresión en mí es muy difícil de identificar porque siempre proyecto una sonrisa y un bienestar a mi exterior. La terapia que finalmente me animé a vivir, ya que soy muy escéptica, ¡fue reveladora! Mara me explicó la dinámica de mi Yo Soy, me dio una figura muy clara, la cual es una **Montaña Nevada, y a partir de ahí comenzamos a hablar con claridad de mi esencia: Belleza Imponente**. Me sentí profundamente identificada, era algo que yo sentía desde niña; pero, entre las estructuras sociales y el ambiente familiar, mi tendencia era a hacerme menos, cada vez más chiquita y fui generando en mí un vacío que provocó una separación sutil pero marcada con todos: familia, amigos y compañeros. Aunque estuviese rodeada de personas, aun aquellas que eran muy cercanas, mi sentir era de ser excluida. Soy una persona muy familiar y no sabía cómo*

72

solucionar esta sensación de sentirme hecha a un lado para poderme expresar y ser parte de sus vidas. Me esforzaba en ayudarlas, pero no me sentía integrada.

Una vez que supe mi Yo Soy, específicamente mi esencia, fui conectando con mi ser genuino. Hoy por hoy, me siento una persona completamente diferente y no porque haya cambiado mis actitudes y forma de ser, sino porque logré aceptarme como soy, amarme, respetarme y proyectarme. Estoy muy orgullosa de mi Yo Soy.

Antes, me decía "no debo llamar la atención, ¡qué vergüenza!, ¡hay que ser más discreta y callada!" y ahora me digo "soy una montaña bella e imponente y soy perfecta siendo lo que Soy físicamente, mentalmente, en personalidad, soy fuerte, tengo presencia; incluso me repito que las personas van a la montaña, no la montaña a las personas (esto último es sobre el tema de la pareja porque en el tema de la familia, la montaña se mueve a donde sea)". Hoy por hoy, soy una persona que sabe quién es y lo que quiere y soy emocionalmente estable. El vacío quedó atrás, me siento llena y estoy disfrutando cada instante de mi vida. Obviamente, no fue magia inmediata, mi trabajo personal conmigo misma, el apoyo de mi Yo Superior y la terapia han estado implicados. ¡Pero, en definitiva, me siento viva!

Anónimo

XIII

EL ALIMENTO DEL EGO

(VÍCTIMA O VICTIMARIO).

MOTIVACIONES NEGATIVAS Y BLOQUEOS

Aprender debe llegar a ser divertido cuando entendemos el juego entre el Ego y el Yo soy. La dinámica ilusoria donde el Ego juega a ser yo, me convierte en víctima o victimario. No importa el origen que tenga, si es luminoso u oscuro, sino cómo quiero generar la experiencia y cómo la construyo para aprender. ¿Aprender a qué? A descubrir en todos los niveles de mi ser quién soy y qué hago aquí. Es importante reconocer que, a pesar de este engaño ilusorio del Ego, para lograr la perspectiva completa del aprendizaje, necesitamos de él para sufrir como víctima o victimario.

Ser víctima o victimario genera un sinfín de motivaciones negativas y destructivas: depresión, celos, ambición, crueldad, etcétera. Se les denomina como motivaciones porque, en algún punto de la historia de nuestro aprendizaje, decidimos preferir vivir esta experiencia negativa a algo que consideramos peor. Es vivir la experiencia y recolectarla en nuestro cúmulo de información hasta tener el suficiente material experiencial para generar el aprendizaje y la consciencia que nos hará avanzar.

A todo ser humano le motiva una serie de combinaciones destructivas que suele esconder en el subconsciente para no recordar el dolor que las originó y, por lo tanto, no se da cuenta que está motivado a vivirlas. Estas motivaciones negativas se convierten en nuestro autoboicot. De esta forma, crea para sí mismo experiencias de contraste que le generarán el trauma necesario para la experiencia de su alma.

Una motivación negativa puede estar construida de la siguiente manera:

> *Prefiero ser pobre y autocastigarme en experiencias de trabajo duro con poco sueldo porque, de forma más profunda, creo que la abundancia monetaria me expondría a ser secuestrado, robado y abusado. Vida tras vida, mientras no resuelva este decreto, voto y contrato, seré pobre y si por algo rebaso el límite del dinero que considero en mi creencia limitante, viviré en paranoia y terror, provocando experiencias de alto contraste como robos, accidentes o enfermedades incurables.*

Nuestro subconsciente es un mar de información de experiencias ocultas que nosotros hemos postergado revisar porque nos duele verlas; pero, por no resolverlas, siguen vibrando en nuestra mente, materializándolas una y otra vez hasta que decidimos (en libre albedrío) enfrentarlas, revisarlas, perdonarlas y liberarlas.

Las listas de motivaciones negativas combinables son todas aquellas que nos destruyen o nos ayudan a destruir a otros. Algunas de estas son: depresión, abuso, manipulación, codependencia, poder, crueldad por abandono o traición, coerción, envidia, soledad, dominio, control consciente; emociones, creencias o trastornos; codicia, deseo, ambición, escape, miedo, avaricia, culpa, odio, confusión, celos, exceso o falta de responsabilidad, autocastigo por culpa o no merecimiento, autoplacer destructivo y deseo ferviente. Estas motivaciones negativas activan bloqueos densos que al final llevan al ser humano a la experiencia dolorosa que quiere evitar. A esto le llamamos experiencia de contraste[23]. Estos bloqueos básicos creadores son: enfermedades, huellas de daño cerebral, huellas de vidas pasadas que activan la memoria celular del trauma, pensamientos negativos, Ego, enojos, insultos, rebeldía, violencia, energías oscuras, fuerzas oscuras, maldiciones de pensamiento, palabra, acción, hechicería o brujería y más.

Con la vasta combinación de todas estas motivaciones negativas y bloqueos, el Ego construye las experiencias de contraste e impacto para el aprendizaje en el proceso de consciencia del ser. En esta creativa combinación de escenarios, aparecen los contratos, acuerdos y votos que realizamos con nosotros mismos y con otras almas. Todo esto se integra en el orden del universo como un proceso de materialización claro y perfecto. Se engranan en nuestros aprendizajes para crear lo que cada uno necesita para aprender. Solamente el libre albedrío empoderado sanará, reorganizará nuestras experiencias y cambiará "nuestra suerte".

---

23   Experiencia dolorosa traumática.

XIV

FRAGMENTACIÓN DE LOS CUERPOS EN LA EXPERIENCIA DEL YO SOY

Nuestra experiencia humana involucra la actividad de entre 15 y 21 cuerpos dimensionales, según el nivel de consciencia y cristalización del individuo. Este número de cuerpos dimensionales involucrados en la experiencia humana son variables y van en aumento rápidamente en estos tiempos de evolución planetaria en la luz. Este sería el orden de cuerpos que experimentamos en esta forma humana, desde el más sutil hasta el más denso:

1. Espíritu
2. Cuerpo Etérico
3. Primer Astral
4. Mental
5. Emocional
6. Creador
7. Cristalino
8. Cuerpo Espiritual
9. Alma Viviente
10. Cuerpo de conexión planetaria
11. Cuerpo Yo Soy
12. Cuerpo Crístico
13. Cuerpo Espíritu Santo (Amor)
14. Cuerpo sexual
15. Cuerpo físico (no biológico)
16. Segundo Astral
17. Tercer Astral (biológico)

(Existen hasta 21, pero aún no se me revela su dinámica)

Cada cuerpo funciona en formas distintas en la experiencia de Gaia. Tenemos un número incalculable de cuerpos repartidos en este y los otros universos que coexisten en la unidad total que llamamos cosmos, pero solo algunos están involucrados directamente con la experiencia humana. La consciencia elige dónde quiere desarrollarse y evolucionar y así se planta en un lugar dimensional o planeta. Cada planeta tiene su dinámica dimensional que corresponde a su equilibrio propio entre luz y oscuridad.

En esta vida, hemos elegido plantar nuestra consciencia de aprendizaje en Gaia. Pero, hay algo más: en esta experiencia humana (no sé si esto suceda en otros planos) cuando experimentamos el amor real o incondicional, automáticamente nos unificamos, nuestros cuerpos dimensionales vibran al 100% en el aquí y el ahora.[24]

De manera contraria el Ego y la ilusión de la separación o el dolor de las heridas, fragmenta y dispersa nuestros cuerpos en distintas dimensiones y nos quebramos por diferentes motivos existenciales, convirtiendo nuestro aquí y ahora en un momento incompleto y extraviado.

A veces, aunque nuestro tercer cuerpo astral (cuerpo biológico) está vibrando en un lugar específico, como la recámara o la oficina, el cuerpo mental en un porcentaje se encuentra en otro lugar con otras personas o quizá se encuentra en cinco lugares diferentes al mismo tiempo con diferentes personas, descifrando, analizando, escapando o aferrándose a algo o a alguien y,

---

24   El Aquí y el Ahora es el lugar, espacio y dimensión donde plantamos nuestra conciencia y nuestros cuerpos dimensionales involucrados.

al mismo tiempo, el cuerpo emocional queda atrapado en la memoria de una experiencia que se encripta en la ilusión del pasado y su niñez. A la par, el cuerpo crístico escapa a un lugar interdimensional indefinido para no afrontar la prueba que se ha impuesto a sí mismo en el aquí y el ahora. Es de esta manera como entramos a la experiencia de la confusión, la duda, el miedo y otros estados que el Ego utiliza para formar experiencias.

Cuando nuestra consciencia conecta con el amor incondicional, el Yo Soy se manifiesta porque nos sentimos aceptados amados, perfectos y completos. Es ahí cuando experimentamos que somos nosotros mismos. La limitante en este punto de evolución de consciencia es que aún creemos que es en la presencia de alguien más que nos ama tal cual somos genuinamente como seremos felices en el aquí y el ahora, en lugar de lograr la verdadera paz en la consciencia de que no necesitamos buscar fuera de nosotros, sino que todo ese amor y aceptación lo llevamos en nuestro propio ser, en la vibración perfecta, completa y eterna del Yo Soy.

Mara Luz. (2011). Iluminando la oscuridad. [Prismacolor]. Monterrey.

XV

CUERPO CRISTALINO, UN DIÁLOGO PACÍFICO ENTRE EL EGO Y EL YO SOY

Cuando encarnamos en esta densidad que Gaia nos presta a través de su materia en nuestro cuerpo biológico, vivimos una clara dificultad en la percepción de los cuerpos sutiles interdimensionales. Nuestro límite es el mundo material y la experiencia se pierde en el Ego.

Es la luz de la consciencia espiritual la que nos da acceso a la dinámica de estos cuerpos y del Yo Soy. La vibración cada vez más luminosa de Gaia nos cristaliza, convirtiendo nuestras moléculas de carbono en cristales y nuestra densidad corporal biológica se hace más luminosa y ligera. La finalidad de esta experiencia de cristalización es eliminar el drama humano, logrando el diálogo pacífico entre el Ego y el Yo Soy.

Hacia ese punto nos dirigimos, sin la equivocada forma que el Ego tomó en los antiguos patrones de expresión de la tercera dimensión, gobernando al cuerpo emocional, desconectándolo de los otros cuerpos y fragmentándolo, restándole a la experiencia de vida la oportunidad de experimentar plenitud. Esta solo se alcanza cuando todos los cuerpos vibran al 100% en el aquí y el ahora. Solo el amor logra este milagro.

Cuando encarnamos en esta densidad que Gaia nos presta a través de su materia en nuestro cuerpo biológico, vivimos una clara dificultad en la percepción de los cuerpos sutiles interdimensionales. Nuestro límite es el mundo material y la experiencia se pierde en el Ego.

Es la luz de la consciencia espiritual la que nos da acceso a la dinámica de estos cuerpos y del Yo Soy. La vibración cada vez más luminosa de Gaia nos cristaliza, convirtiendo nuestras moléculas de carbono en cristales y nuestra densidad corporal biológica se hace más luminosa y ligera. La finalidad de esta experiencia de cristalización es eliminar el drama humano, logrando el diálogo pacífico entre el Ego y el Yo Soy.

Hacia ese punto nos dirigimos, sin la equivocada forma que el Ego tomó en los antiguos patrones de expresión de la tercera dimensión, gobernando al cuerpo emocional, desconectándolo de los otros cuerpos y fragmentándolo, restándole a la experiencia de vida la oportunidad de experimentar plenitud. Esta solo se alcanza cuando todos los cuerpos vibran al 100% en el aquí y el ahora. Solo el amor logra este milagro.

XVI

LA DECISIÓN QUE NOS SINTONIZA CON NUESTRO YO SOY: EMPODERAMIENTO Y MATERIALIZACIÓN

Empoderarse es estar cada vez en mayor consciencia con el Yo Soy, ser auténticos, sin importar si la experiencia que se vive sea fácil o difícil, agradable o tremendamente desagradable. Entender que todo nuestro mundo físico es una ilusión es clave para empoderarse, ya que dejamos de engancharnos en la ilusión de las creencias erróneas que materializan nuestros dramas y tragedias. Empoderarse es responsabilizarse de hacer conscientes estas creencias erróneas para modificarlas y reestructurar, en abundancia y prosperidad, nuestra existencia humana.

Todo lo que vemos afuera de nosotros es resultado de lo que construimos desde adentro con nuestras creencias. Creer es crear.
Mara Luz

CREATIVIDAD RESPONSABLE, MATERIALIZACIÓN CON SENTIDO

Es importante entender bien nuestros procesos de materialización. La combinación de las dinámicas implícitas en el proceso, como las consecuencias de la materialización, están compuestas de los tres elementos siguientes:

> *El pensamiento (creencias y juicios) + la emoción y su intensidad + el decreto (afirmaciones basadas en la creencia)*

Cada experiencia de vida es una materialización que nos reta a aprender de nuestras propias creaciones. Analizar los resultados es el primer paso para cambiar nuestra existencia. Los resultados manifestados, a los cuales les llamamos "realidad", son solo las consecuencias de nuestras creencias hacia nosotros mismos principalmente, pero también hacia nuestros resultados. Nuestros resultados materializados fortalecen las creencias, mientras los observamos engañados pensando que la realidad es algo que sucede al azar.

Cuando nos enfocamos en analizar los resultados de la realidad, podemos entender cómo la estamos creando y qué es lo que creemos que merecemos o qué elecciones estamos tomando para la vida. Al comprender esa dinámica, nos empoderamos en nuestro Yo Soy, ya que lo materializado desde el Ego nos pierde y lo materializado desde el Yo Soy nos llena de plenitud. Desde ahí, observamos y analizamos la forma en cómo nuestros pensamientos construyen y materializan nuestro universo. Si llegamos a ver claramente la dinámica responsable de cada uno de estos tres elementos de la materialización, podemos modificarlo, convertirlo y transformarlo para nuestro bien y el de los que nos rodean. A esto se le llama creatividad responsable.

Empoderarse es liberarse, es actuar sin juzgar ni juzgarme, es seguir mi intuición desde donde el alma y el Yo Superior hablan. Sin embargo, es importante agradecer lo que una vez nos dominó, ya que gracias a ese dominio entendimos y concientizamos la verdadera libertad.

Yo Soy el centro de mi propio Universo, Yo Soy el/la que Soy y todo lo que soy. Mi poder está en mí y solo en mí, en nadie más y nadie más tiene poder sobre mi libre albedrío porque Yo Soy en el Todo .

Empoderarse es resultado de la consciencia y esta es conocer o tener conocimiento. No se trata de sanar la consciencia, se trata de sanarte tú para generar mayor consciencia. Sanar es transformar en amor divino nuestros procesos de materialización, reconstruir nuestras estructuras y programaciones internas formadas por creencias erróneas profundas y votos y contratos con nosotros mismos y con los demás.
La consciencia ya es en plenitud y totalidad. La dinámica es irla conquistando a través de cada experiencia y la sintonía con ella cada día aumenta más.

XVII

EL YO SUPERIOR,

EL LIBRE ALBEDRÍO

Y LOS REGISTROS AKÁSHICOS

Akasha en sánscrito significa "éter", "espacio" o "cielo". Es el quinto elemento de la Creación, lo que da la vida, lo que da el origen, pero que sigue existiendo dentro de todo aquello a lo que le da vida. Los Registros Akáshicos son la información de esta energía etérica contenida en todo lo que Es, en esta realidad y en otras. Por lo tanto, los Registros Akáshicos guardan la información de lo que ha pasado, de lo que posiblemente pase en diferentes realidades. Al tener la historia de todo lo que ha acontecido, tienen la historia de cada alma; pero, al ser energía tienen consciencia, tienen amor y nos pueden brindar sanación e información. [25]

El Yo Superior[26] es el único que puede acceder a los Registros Akáshicos y su poder reside en el libre albedrío.

---

25   Escobar, H. (s.f.). Registros Akashicos, Mi Experiencia. Obtenido de Hermandad Blanca: https://cdn.hermandadblanca.org/wp-content/uploads/2014/04/Libro-Registros-Akashicos-Mi-Experiencia.pdf

26   Yo Superior es la mente supraconsciente de cada uno. Un 50% es la mente de y el otro 50% es la parte de Dios activa a través de una o millones de conciencias que guían y acompañan al alma en su camino.

El Yo Superior es el 50% nuestra mente supraconsciente y el otro 50% es Dios en nosotros, a través de una o millones de conciencias que forman consejos de seres a nuestra disposición; ahí se encuentran las mentes de los que nos guían y hacen posible nuestras experiencias. Es en el Yo Superior en donde reside nuestro diálogo con Dios y donde tomamos las decisiones que encaminan nuestra existencia.

Los Registros Akáshicos son la totalidad de nuestros procesos registrados en conjunto con la totalidad del proceso evolutivo, nuestro camino andado en perfecta unión con Akasha. Acceder a estos registros es trabajo del Yo superior y el libre albedrío. Así se va marcando la evolución, generando un movimiento en conjunto de todo.

El libre albedrío es lo más poderoso que tenemos, con él ni Dios se entromete. Hay muchos acontecimientos que se viven: seres, personas involucradas que pueden intentar manipularnos (y muchas veces con éxito). Es el juego del poder y el sometimiento. Sin embargo, en el momento que decidimos empoderarnos y ejercer nuestro libre albedrío, nada ni nadie tiene poder sobre nosotros. Es la llave maestra, regalo del mismo Dios que nos ha hecho a su imagen y semejanza, un Dios que en su libre albedrío respeta esa zona sagrada y lo más maravilloso es que todo lo que elijamos se adapta perfectamente al proceso evolutivo. El error no existe, es una ilusión del Ego, todo es perfecto porque Todo es Dios y Dios es perfecto.

Es en nuestro Yo superior donde creamos diálogos con el Espíritu y donde podemos visualizar al Ego fuera de nosotros para analizar, reflexionar y, al final, tomar decisiones. Cuando el Ego interfiere el canal hacia el Yo superior, se atrofia. Además, el arma secreta del Ego son las emociones. Es por eso que la inteligencia emocional juega un papel importante en el camino de la vida de todo aquel que quiera empoderarse.

El Yo superior y el Yo Soy son dinámicas distintas, ya que el Yo Soy vibra en perfecta y total armonía con Akasha y el Yo Superior es la mente supraconsciente que juega con las dinámicas de aprendizaje entre el Yo Soy y el Ego.

XVIII

ESPÍRITU ES TODO Y TODO ES YO SOY

Espíritu es todo lo que se mueve y existe. Espíritu es el mismo en la montaña que en la flor, en las estrellas como en los agujeros negros del espacio. Espíritu es el mismo en ti y en mí, como en cada ser existente. Es por eso que todo ser es Espíritu y hay una particularidad de Espíritu en cada ser, no importa si es del reino animal, mineral, etérico o astral.

Yo Soy es el Todo: Fuente, Espíritu y Palabra. Pensamiento, Amor y Decreto. Yo Soy es Creación y Materialización pura en el Amor.

Cada ser es una versión única y específica del Todo, así que tú eres un Yo Soy único y peculiar, Yo Soy otro Yo Soy, pero los dos somos un solo Yo Soy. Puedes observarte desde la unidad del Yo Soy o desde la dualidad del Ego. Al final, todos somos Yo Soy.

XIX

CREER ES CREAR

En el cuerpo mental radican las creencias, las cuales son la raíz de todos los procesos creativos y experiencias emocionales ilimitadas. Creer es crear y las creencias son reemplazables, cambiantes e innovadoras. Hay niveles de creencias, unas son más profundas que otras. Las más profundas y arraigadas son las que han sido resultado de experiencias excitantes de amor o dolor y, por lo tanto, son las más difíciles de cambiar. La consciencia se logra expandir cuando la creencia se rompe porque las mismas experiencias de los opuestos de nuestras creencias en el universo de la dualidad nos presentan nuevas alternativas para experimentarnos y así vivirse de otra forma nuestro presente en el universo.

El momento perfecto y crucial de ruptura, antes de generar la nueva creencia, es cuando surge una liberación de lo que marcaba una estructura. Esta estructura se rompe porque, con el paso del tiempo, caduca al confrontarse por otras dinámicas. Las antiguas creencias comienzan a generar estrés al insistir en mantenerlas. Al llegar al límite de su proceso experiencial, se quiebra. Este es un momento traumático; pero, al atravesar la brecha, surge lo nuevo y la nueva perspectiva provoca liberación de la creencia generando paz, armonía y presencia divina.

Somos responsables del mundo en el que vivimos, no solo por nuestro comportamiento, sino por lo que pensamos y sentimos en él. Crear nuestro mundo, nuestra vida y experiencias, nuestras emociones y sentimientos en él no tiene nada que ver con lo que en este preciso momento estamos viviendo porque lo que ahora vemos a nuestro alrededor es una ilusión creada y disponible para ser cambiada.

Hay que elegir lo que queremos pensar y sentir con certeza, afirmando que ya está sucediendo lo que pensamos, sentirlo, olerlo, observar su movimiento, creerlo para crearlo.

Por ejemplo, aunque en mi presente mi trabajo me frustre o me haga sentir esclavizado, puedo pensar que este mismo trabajo me libera, me expande y me llena de plenitud. Puedo crear una proyección visual de escenas en las que mi trabajo me hace crecer y situaciones en específico que disfruto vivir. Decretar en agradecimiento lo que ya estoy viviendo y sentir la felicidad que me brinda experimentarlo... esa es una creación responsable y constructiva.

Así es como se crean las cosas. Si el resultado continúa siendo frustración, o esclavitud, hay que revisar qué sentimiento o emoción prevaleció a la hora de elegir el pensamiento. Puede colarse la frustración, la duda o la incredulidad. Hay que entrenarnos en el ejercicio de la creación responsable e intentar una y otra vez para que todo esté en sintonía.

TESTIMONIO

> *Mara, al tomar tu terapia, pude ver y entender que hay un procedimiento estructurado que te permite localizar, saber por qué, de dónde y cuándo vienen todo tipo de bloqueos energéticos que me han impedido cumplir con mi propósito, de darme*

cuenta de mis creencias erróneas y cambiarlas acorde a mi esencia, lo cual me libera.

Es impactante como, a los pocos días de tomar la terapia, fueron materializándose situaciones que me están llevando a concretar proyectos que tenía años sin poder avanzar, aparentes "casualidades" que han hecho fluir todo de una manera tan sencilla que, al dar la vuelta, veo en retrospectiva todo lo que había batallando, había luchado, había intentado sin obtener los resultados que buscaba con sufrimiento, enojo, frustración, miedo y tristeza. En verdad, solamente porque lo estoy viviendo es que lo puedo creer y me doy cuenta que la responsabilidad de vibrar en mi esencia y en mi Yo Soy está en gran parte en mí:

¡Eres alguien que vino a hacer cambios para bien! Mara, ¡simplemente gracias!

Salvador Cardona

Somos responsables de nuestro pequeño, mediano y gran universo; de nuestro cuerpo, nuestras emociones y desarrollo; de nuestra familia, amigos y colegas de la empresa en la que trabajamos; de la colonia, ciudad, país en el que vivimos y, finalmente, el planeta, sistema solar y universo.

Soy cocreador(a) y mi creación particular es perfecta, dándole forma al todo, en armonía o desarmonía cuando lo observo desde la percepción dual, pero en perfecta sintonía y totalidad en el Espíritu de todo lo que es.

Crear es hacer que exista lo que aún no existe. Crear mi parte no inhibe la de mi hermano o compañero, solo la sintoniza y complementa. Hasta el mínimo pensamiento se materializa y hace sintonía en otros lugares, planetas y universos. Para cambiar mi drama, tengo que crear lo contrario y atravesar la transformación. La agonía de lo viejo con la luz del nacimiento de lo nuevo.

XX

LA MARAVILLOSA TRANSFORMACIÓN DE LA MATERIA Y SU EXPANSIÓN EN LA CONSCIENCIA UNIVERSAL

Nuestra actual experiencia en Gaia como seres humanos es tremendamente importante, ya que se conoce que somos el planeta más denso de nuestro universo. Poseemos una materia que se está transformando aquí; pero, a la vez, trascendiendo en este universo y los otros universos.

Al estar en este lugar, en la experiencia humana, es inmensamente hermoso cuando tomamos consciencia de cómo funciona aquí el aprendizaje y el inmenso poder que tenemos al estar encarnados. Todo lo que conquistamos a nivel consciente transforma la materia y lo interconecta en todos los niveles dimensionales de la existencia en forma expansiva.

El milagro de la unidad de todo lo que es y existe genera una infinita cadena de ramificaciones que expande todo lo que decidimos crear. En este planeta de libre albedrío, somos creadores por excelencia y tenemos una responsabilidad en ello tan importante que es necesario que lo tomemos en cuenta en cada momento de nuestra vida aquí en Gaia. Toda decisión es creación, no elegir algo es elegir no elegir y eso es lo que estamos creando. Lo que es aquí es allá y en todos lados, así generamos una dinámica cósmica. Es por eso que es tan importante sintonizar con el Amor, el cual es la única ley en el Universo, ya sea para construir o para destruir porque la destrucción es también expresión de amor en la dinámica de la dualidad.

XXI

EL ADN, UNA MUTACIÓN

CONTUNDENTE

Cada uno tiene una doble hélice de ADN. Sin embargo, hay otras hélices que están siendo formadas. En la doble hélice, existen dos hebras de ADN entrelazadas hacia una espiral. Estaremos desarrollando doce hélices. Durante este tiempo, el cual parece haber comenzado hace unos 5 a 20 años, hemos estado mutando. Esta es la explicación científica. Es una mutación de nuestra especie hacia algo para lo cual el resultado final todavía es desconocido. Nuestra estrella (el Sol), el sistema solar, Gaia y todos aquí estamos acelerando la vibración y está cambiando la dinámica de positivo-negativo a una vibración horizontal. Muchos de los niños nacidos recientemente tienen cuerpos que son magnéticamente más ligeros. Todos nosotros podemos escoger cambiar y sintonizar con la consciencia de la quinta y sexta dimensión[27], así que debemos atravesar muchos cambios físicos. Las nuevas generaciones ya están en esa sintonía en medio del cambio.

Los seres humanos, y quizá también los animales, estamos algo frustrados con el agotamiento que actualmente nos afecta a todos, ya que estamos acostumbrados a ser muy activos. Podemos sentir nuestros lados femenino-masculino expresándose de forma distinta y muy seguramente, en avanzados casos, ya no

---

27   La 5.ª dimensión es la que desarrolla la consciencia de las emociones. La 6.ª dimensión es la que desarrolla la consciencia de la unidad.

encontramos diferencia en estos opuestos, sino que lo estamos integrando para una nueva experiencia. El tema de la inteligencia emocional, el cual ha estado saliendo en los últimos 30 y 50 años, ha sido muy atendido y desarrollado con nuevas técnicas para estos cambios. Nosotros realmente estamos haciendo una tremenda cantidad de trabajo emocional en muy corto tiempo, lo que en tiempo pasado hubiera tomado miles de años.

Todos estos cambios están provocando, de forma violenta, una necesidad de mirar hacia dentro de nosotros, analizarnos, descubrirnos y conocernos con más profundidad.

El estudio del Ego es también foco de atención para muchos humanistas, psicólogos y psiquiatras. Además, la revelación de cómo funcionamos en nuestra propia dualidad Ego-Yo Soy está siendo cada día más clara. En definitiva, la experiencia humana es ya una nueva faceta que iremos descubriendo y desarrollando a lo largo de las siguientes generaciones. Todo el planeta se transforma, muta y se convierte en algo nuevo, con un equilibrio diferente entre la experiencia de los opuestos.

Estamos cambiando físicamente, de seres basados en carbón con dos hebras de ADN a seres cristalinos con 1,024 hebras de ADN (eventualmente) porque solo las sustancias cristalinas pueden existir en niveles dimensionales superiores.

No somos solo nosotros los humanos quienes estamos cambiando, ya todas las formas de vida en Gaia se están volviendo cristalinas. Todos los peces en el océano, las flores y árboles, los pájaros e incluso nuestras mascotas, perros o gatos. Todo está cambiando, estamos moviéndonos juntos hacia un nuevo estado del ser. Este nuevo estado de ser requiere que nosotros, física, mental y emocionalmente, soltemos los conceptos, creencias, tradiciones y prácticas antiguas pertenecientes a la tercera dimensión.

No es de extrañarse que haya muchísima intriga, ansiedad y miedo porque estos cambios ya están en progreso. Necesitamos trascender nuestros temores y aprender acerca del amor, el cual tiene que comenzar con nosotros mismos porque, hasta que no podamos amarnos y confiar en nosotros, no podremos amar o confiar en nada, ni en nadie más.

XXII

LAS 5 HERIDAS Y SUS EMOCIONES, EL LENGUAJE DEL EGO MAESTRO

No quisiera dejar pasar este conocimiento publicado al mundo por Lise Bourbeau, gran terapeuta y pionera en el descubrimiento de la dinámica de crecimiento y conocimiento personal que gira alrededor de las 5 heridas básicas que el ser humano integra en su aprendizaje. Ella nos comparte algo digno de mencionar en este libro, ya que el Ego y el Yo Soy juegan mucho con esta dinámica para generar nuestras experiencias, pruebas y retos que, al final, nos dejan la experiencia y la expansión de consciencia.

Enterarnos cómo es que estamos aprendiendo de la reacción emocional filtrada por nuestra muy peculiar combinación de heridas regentes y sus respectivas máscaras[28], es una nueva y más profunda faceta de crecimiento a partir de las emociones, el lenguaje del Ego.

La primera de ellas es **EL RECHAZO** y su máscara es **LA HUÍDA**. El cuerpo se torna delgado y macizo, los hombros se recogen hacia atrás. Se tiene que detectar la compulsión que la necesidad de huir impone emocionalmente y detenerla.

---

28   La máscara de cada herida se manifiesta con un comportamiento compulsivo que suponemos nos librará de ser heridos; pero, lo que realmente provoca es que la herida se atraiga.

Debemos optar por enfrentar la creencia de ser rechazados y crear el pensamiento contrario para sanar y crear la aceptación incondicional, primero por nosotros mismos y luego por los demás. Conectar con el Yo Soy es uno de los caminos más cortos para empoderarse ante la herida.

La segunda de ellas es **EL ABANDONO** y su máscara es **LA DEPENDENCIA**. El cuerpo se torna delgado y flácido y se acentúa una postura jorobada, pero con el abdomen hacia adelante. La solución está en la autosuficiencia que solo se logra en el gozo de vibrar en el Yo Soy para sentirse completo.

La tercera es **LA HUMILLACIÓN** y su máscara es **EL MASOQUISMO**. El cuerpo se torna redondo así como el rostro. Las rodillas se juntan y se forma una línea "A" hacia los tobillos. En casos extremos, también los codos se pegan al cuerpo, formando un ángulo en todo el brazo. La solución está en detener la compulsión a aguantar las humillaciones y a estresarse u obsesionarse por hacer todo a la perfección. El Ego ante el yo soy permite las equivocaciones como oportunidad de perfeccionamiento y crecimiento.

La cuarta es **LA TRAICIÓN** y su máscara es **EL CONTROL**. El cuerpo en los hombres desarrolla una espalda ancha y pronunciada con una línea "V" hacia la cadera que se torna estrecha. En las mujeres, la espalda se reduce formando una línea "A" hacia la cadera que se torna ancha y pronunciada. Delegar con confianza, respetar el ritmo y libertad del otro, sabiendo que su Yo Soy puede expresarse es la solución. Se trata de soltar el control y abrirse a vivir el aquí y el ahora.

La quinta es **LA INJUSTICIA** y su máscara es **LA RIGIDEZ.** El cuerpo se torna rígido con la espalda recta y tensa como una tabla. Son cuerpos cuidados por la disciplina del cuidado personal. Hay que ser más flexibles en creencias, ritmo de vida y cambio de planes. Se debe aceptar que la injusticia existe y que uno puede adaptarse a ella.

XXIII

EL YO SOY: FUENTE DE ABUNDANCIA, PROSPERIDAD Y AMOR

Como seres humanos, buscamos la aceptación y el amor de otros, comenzando con mamá y papá, quienes influyen profundamente en el proceso de programación del Ego. Esta dinámica es pauta de los programas que nos creamos para elegir una carrera, pareja y forma de vida, ya sea para buscar la aceptación de los padres o para revelarnos ante sus deseos. Al final, es el Ego quien ha reaccionado y no el Yo Soy desde donde sintonizamos a nuestro verdadero creador, fuente de prosperidad y abundancia.

Cuando nos conectamos y creamos consciencia de nuestro Yo Soy, sintonizamos con lo que realmente aportamos al universo y nuestra vibración se expande. El empoderamiento tiene que ver con esta sintonía que nos libera de patrones y programas impuestos por nuestra propia dualidad.

El Ego nos conduce a dar gusto o a revelarnos para no dar gusto, al final nos distrae y cortamos la sintonía con el universo, su orden perfecto y nuestro papel en él.

Todo lo que hagamos en sintonía y consciencia de nuestro Yo Soy será perfecto, romperá paradigmas y, al final, sintonizará armoniosamente en todo.

TESTIMONIO

Hoy, más que nunca, estoy convencida que este conocimiento es algo mágico. El Yo soy es algo más allá de lo que se puede ver porque está directamente relacionado con el sentir. Es experimentar la congruencia, empoderamiento y certeza de estar haciendo lo correcto.

Después de pasar por muchas cosas duras que he tenido en mi vida y de haber pasado años en constante tensión y confusión, esta luz me devolvió la paz. Buscaba una manera de aterrizar mis pensamientos y encontrar el camino correcto para tomar decisiones acertadas. Me consideraba indecisa, preocupada, una mujer que solo veía por los demás, lo cual de una u otra forma me consumía impresionantemente. Llegué con Mara cuando estaba en el pozo, en el hoyo negro más oscuro de mi vida.

Encontrarme a través de la terapia en la dinámica de mi Yo Soy me regresó la paz. He vuelto a sentir que soy auténtica y solo dos momentos en mi vida me han hecho sentir esto: uno, cuando me fui de misiones y me encontré con Dios y el segundo, esta terapia y el conocimiento de la dinámica de mi Yo Soy. Me encontré conmigo misma y volví a creer en mi intuición. Esta información me ordenó desde dentro hacia afuera. Aprendí a escucharme a mí porque, al final, siempre se tiene la respuesta en el corazón, la mente y alma.

La toma de decisiones congruentes y correctas con mi Yo Soy no le quita lo difícil a la vida; pero, al sintonizarlas con el Amor, se logran resultados de plenitud. Es como salirme de mi cuerpo y verme de frente para preguntarme "¿tú qué harías en esta o aquella situación?" y observar cómo la sabiduría del Yo Soy se expresa desde el alma, haciéndome crecer y evolucionar. Esto es algo integral y no mágico, requiere decidir conscientemente, trabajar en mí e ir conociéndome en mi ser auténtico y mi esencia sin mentirme. No me canso de agradecer el haber conocido la dinámica del Yo Soy. Agradezco la entrega de Mara porque sé que la desgasta al poner todo su amor y energía en cada sanación, ya que deja una huella de ella en este mundo a través de nosotros. Esto abre mis ojos, me permite vivir en plenitud y disfrutar lo hermoso que es vivir. ¡Gracias Mara!

Ana Lucía Cortés Guajardo

XXIV

LA HERENCIA DIVINA POR DERECHO

Solo por existir, tengo el derecho de lo que me corresponde para ser quien soy y desarrollarme en perfecta armonía con el todo. Solo en función de mi aprendizaje, tengo la posibilidad de permitirme experimentar lo que no soy: la escasez, el miedo, la muerte y todo como parte de la ilusión que atravieso para generar consciencia. Por lo tanto, siempre soy abundante, siempre soy amor y siempre soy perfecta.

Como ser humano, tengo necesidades para experimentar la vida y mi Ego se encarga de engañar a mi Yo Soy, haciéndome creer que estoy en peligro de dejar de existir, aunque esto solo sea un espejismo, una ilusión que busca crear consciencia de mi inmortalidad y de que Yo Soy en plenitud, que tengo todo para desarrollarme y que tengo el poder para crear mi propia existencia. Mientras elija continuar como ser humano, deseo seguir en este aprendizaje y avanzar en consciencia, expandiéndome.

XXV

DECRETAR DESDE EL EGO Y DECRETAR DESDE EL YO SOY

El decreto es uno de los tres ingredientes necesarios para el proceso de materialización. En la dinámica de experiencia dual, a nivel humano, el Ego es lo que no somos mientras que el Yo Soy es lo que somos en la dinámica divina. A medida que genere la consciencia de mi Yo Soy único y divino, decretaré en consonancia a mi ser en perfección y me sentiré vivo, pleno y unificado. A medida que confunda mi ser con el Ego, decretaré muerte, inexistencia y división. Cuando mis decretos surgen a partir de mi Ego, experimentaré dolor, muerte, heridas y destrucción, mismos que me llevarán a creencias fundamentadas en el Ego, formando un círculo vicioso entre las creencias, votos y contratos.

Por ejemplo: si yo me confundo y creo ser mi Ego, actuaré pensando que soy un error y no merezco existir. Decreto, entonces, que la vida es injusta y que no vale la pena vivirla. Este decreto me llevará a materializar, en mi universo, la experiencia de sentirme herida por la traición, la injusticia, el rechazo, el abandono o la humillación. En el momento que mis emociones egocéntricas me envuelven, emito el voto de que la vida es un valle de lágrimas y no se vive sin sufrir. Que prefiero morir a vivir sufriendo. Este voto me conduce a generar contratos, acuerdos y promesas con otras almas que me ayuden a experimentar accidentes, pobreza, fracaso, robo, ahogamientos y toda una serie de experiencias de contraste que materializan mis creencias en función de comprobarlas.

Decretar desde la consciencia de mi Yo Soy es sintonizar con mi función perfecta y armónica con el universo. Si mi origen es Oscuro y mi esencia luminosa, el Yo Soy se reafirma y genera oportunidades de expresar su ser auténtico y empoderado.

XXVI

VOTOS, CONTRATOS, ACUERDOS Y PROMESAS

Los votos de corazón y los contratos que generamos en una determinada vida trascienden vida tras vida hasta que el alma los rompe cuando llega a la misma intensidad emocional y de proyección visual con la que se hizo el voto o contrato original, pero en el otro extremo de la experiencia.

Si en una vida, por ejemplo, generé el voto de preferir ser pobre a que me secuestren, en las siguientes vidas seguirá esa información en mí a menos que conscientemente rompa el voto y me permita decidir que puedo ser rica y tener seguridad y tranquilidad.

De la misma forma suceden los contratos que hago conmigo misma y con otras almas, incluso con el concepto que tenga de Dios. Son contratos que nos obligan a experimentar, desde cada uno de los involucrados, lo acordado para el aprendizaje. Si en el accidente de René estaban involucrados los otros cuatro amigos, las familias, los abogados, los doctores y los aseguradores, hay contrato con cada uno y las especificaciones de lo que cada involucrado quiera vivir. Y, mientras el contrato se fundamenta en una creencia de que el alma tiene que pagar por su imprudencia y abuso a su salud, vida tras vida seguirá repitiendo la experiencia hasta que el alma esté lista y consciente de que ya no necesita experimentar eso. Cuando esto sucede, finalmente rompe el contrato y se libera de la experiencia repetitiva.

XXVII

LOS ARQUETIPOS HUMANOS
Y SUS PROCESOS EN EL
EGO Y EL YO SOY

Según la RAE, "arquetipo" se entiende como una representación que se considera modelo de cualquier manifestación de la realidad. El ser humano necesita arquetipos para que le permita existir y desenvolverse en Gaia. Arquetipos como: soñador, femenino, masculino, creador, niño interno, místico, entre otros.

Los arquetipos permiten ser modelados y vividos por cada alma para generar sus experiencias de aprendizaje en la Tierra. Por ejemplo, el arquetipo femenino se relaciona con la belleza y todo lo que la belleza significa para cada ser humano: belleza física, espiritual, belleza en lo complejo o belleza en lo sencillo. Los procesos de vivir y experimentar la belleza juegan con el Ego y el Yo Soy de cada individuo.

Veamos, a continuación, los Arquetipos.

NIÑO(A): Este arquetipo sugiere vulnerabilidad, inocencia, pureza, felicidad y sencillez. Además, puede extenderse la experiencia de forma interna y espiritual, las cuales se mantienen intactas a lo largo de la vida de cada individuo. El aspecto del alma es el que por el Ego puede ahogarse, apagarse e incluso bloquearse, al grado de destruir cualquier señal de vida. En este arquetipo, existe el aspecto crístico con mayor vibración, ya que en este arquetipo se experimentan las emociones con más claridad, honestidad y nitidez. La luz o la oscuridad que venga implícita en cada ser por este arquetipo, podrá expresarse con mayor naturalidad.

De los 0 a los 7 años aproximadamente, un niño humano vibra con la vida anterior a la actual y ha absorbido e interpretado, según su historia, toda la experiencia de mamá y papá que se adecúe a su proceso de aprendizaje. De los 7 a los 10 años, comenzará a experimentar su Yo Soy, su esencia y esta puede ser muy influenciada nuevamente por mamá y papá, incluso por los hermanos, si es que los tiene. El Ego comienza a apoderarse más y más para ser definido e imponer su papel de maestro por el resto de su vida.

El niño o la niña puede ser reprimida por el Ego. En la etapa de adultez del ser humano, mantener viva la expresión del alma de niño es trabajo de moldear este arquetipo en la consciencia de la ilusión de la edad material. En el arquetipo de niño está el ángulo de manifestación del niño interno, el cual vibra independientemente de la edad biológica de la persona porque corresponde a los procesos del alma. Esto quiere decir que el Yo Soy trabaja más allá de la evolución o comportamiento del tiempo y el espacio de la materia.

ADULTO: Este arquetipo marca la pauta o el molde para los procesos de toma de decisiones y es crucial en la experiencia humana, ya que se liga directamente con el libre albedrío. En este arquetipo, el Ego juega con las emociones y con la mente para que las decisiones lleven al ser humano a vivir la experiencia que su alma desea. Todo se mueve y se procesa a través del libre albedrío, hasta la decisión de no decidir es libre albedrío. Las decisiones por miedo siempre serán egocéntricas y nos conducirán al dolor y las decisiones con valentía se acercan más a la esencia, al Yo Soy. De las decisiones valientes, se trata la conquista del Yo Soy.

PAPÁ/MAMÁ TIRANO: Este arquetipo moldea los procesos de autoestima, codependencia y necesidad de aprobación. El Ego desafía el valor o el merecimiento y siembra la creencia de que no se es valioso, no se es nadie y que no se puede existir sin otra persona que le acepte o sostenga. La consecuencia es esclavitud y pérdida en el otro; en percepción, los demás son más importantes que uno mismo. Cuando el Yo Soy predomina sobre la agudeza de percepción de agresión, humillación, abandono o cualquier herida, y se mantiene el enfoque de objetivos, la energía vital se mantiene en su nivel óptimo y se puede seguir trabajando, amando, durmiendo y viviendo cada actividad del día perfectamente.

PATERNAL: Este arquetipo moldea el proceso de entender, aprender y madurar la necesidad de seguridad externa. El Ego se encarga desesperadamente de enganchar, en alguien más, la seguridad que solamente se encuentra en uno mismo. Es un camino largo para comprenderlo a consciencia. La compañía de aquella persona que desee protegernos se convierte en el alivio que, por un tiempo, nos sostiene hasta que llega el día en que el ciclo termina y nos encontramos de nuevo con nosotros mismos y con ese hondo vacío que nos hace enfrentarnos con nuestra inmadurez e inconsciencia donde estamos seguros siempre. Las experiencias de inseguridad son una ilusión, se teme a la muerte, la cual también es una ilusión, ya que somos seres inmortales vibrando en la eternidad divina. Cuando este arquetipo finalmente se madura en su molde más perfecto, el miedo desaparece y solo existimos para contemplar y congratularnos en nuestro proceso de consciencia de nosotros mismos.

MATERNAL: Este arquetipo nos proporciona, en todos sus múltiples matices, experimentar la necesidad de atención. El Ego puede disfrutar los múltiples caminos de engaño, por los que puede llevarnos, para aprender a ser quienes somos sin necesidad de que nos vean. Podemos sentir que existimos porque nos ponen atención, es un largo camino para comprender y disfrutar de ser, existir en plenitud sin esperar ser vistos. Es un hermoso tesoro de plenitud. Se puede perder nuestra razón cuando somos el centro de atención sin deseo de serlo. Han habido personajes históricos que se han quitado la vida porque son vistos y manipulados por multitudes o porque ya nadie los ve, ni los toma en cuenta. Cuando el Yo Soy aparece tras el ciclo de aprendizaje, solo existe siendo quien es, sea visto o no. Se alcanza la consciencia de que sea visto o no, su existencia vibra perfectamente en el cosmos y cumple perfectamente su función en conexión con todo.

GRUPOS/EQUIPO: Este arquetipo moldea la experiencia de ser aceptado o rechazado por los grupos o invertido, aceptar o rechazar a los grupos. El recorrido de la experiencia de consciencia atraviesa procesos de división y sinergia y lo que significan los ciclos grupales. La consciencia de la fuerza de la sinergia en grupo requiere un camino de aceptación personal y del otro, el entender la riqueza que aporta cada miembro y una alta eficiencia en comunicación efectiva que genere consensos y acuerdos favorables para la finalidad más importante del grupo. Cada grupo adquiere una identidad en sí mismo y, por consiguiente, un Yo Soy propio, el cual da identidad al total. Cada grupo define su líder de forma natural y el líder no pierde el enfoque de ser uno más en el grupo. El Ego de cada participante interviene y eso genera la dinámica de conflicto, rechazo o división. El grupo se va manifestando dinámicamente por el Yo Soy y el Ego de cada participante; cuando sobresale la consciencia del Yo soy, se genera vida y plenitud compartida grupalmente. Para mantener la vida del grupo en su unidad Yo Soy, hay que crecer y evolucionar con él. Todo cambia y hay que respetar la evolución armónica del proceso del grupo. De la misma manera, se tiene que respetar su cierre y término cuando sea el caso.

CONOCEDOR/INVESTIGADOR: Este arquetipo moldea la experiencia de conocer, investigar e integrar la sabiduría. El Ego interviene generando trastornos, ya sea de obsesión por el conocimiento o el miedo de no tenerlo. El conocimiento y sus procesos son un arquetipo clave para el desarrollo y evolución de cada ser humano, pero no es sino a través de la experimentación como se logra asentar la información generando la sabiduría. El conocimiento da seguridad, pero también, si se es mal percibido, puede verse como instrumento de división y engañoso estatus de comparación con otros. También el Ego atraviesa la avaricia en este arquetipo y el conocimiento se ahoga en la persona; aunque, por otro lado, si este conocimiento se desea compartir, entra en el terreno de la competencia, los celos y la envidia, dejando desgastada al alma del deseo de seguir generando aprendizaje para compartirlo. En el Yo Soy, la naturalidad es ser curiosos, buscar conocimiento, obtener conclusiones científicas o empíricas; todas pueden compartirse y aceptar enriquecimiento o correcciones, aclaraciones o errores y continuar hasta lograr algo grande y, sin miedo, compartir la conclusión del conocimiento, por más rara que sea. Andar por la vida a prueba y error es parte natural de existir.

CREADOR: Este arquetipo tiene que ver con los procesos creativos de la persona, sus bloqueos y sus procesos de apertura.

Permite al ser humano conectar con un aspecto de su Yo Soy, quien es el protagonista principal de su potencialidad creativa. Aquí, el Ego es antagonista y genera dolor en todo proceso creativo, bloqueándolo. El Ego disfraza los resultados creativos en irrelevantes, aburridos o con poco valor; pero, volvemos a lo mismo: es una ilusión del Ego. La verdad es que siempre vibramos en nuestro Yo Soy perfecto y, desde él, creamos lo perfecto de Dios en cada uno de nosotros. Si mi esencia es unidad, eso estoy creando, con o sin mi proceso egocéntrico. Llegar a la consciencia de que todo lo que vivimos en nuestra realidad lo hemos creado desde el pensamiento, el cual es la sustancia de la materia, nos hace generar la madurez y evolución necesaria de este arquetipo en la experiencia humana hasta proyectarla cósmicamente. En este arquetipo, se comprende la importancia de las creencias y que creer es crear. Creencias profundas, creencias principales, hasta las creencias más superficiales o pequeñas. Todos estos niveles influyen en los procesos de materialización. Las creencias conscientes, inconscientes, subconscientes, ocultas, aprendidas y compartidas en el inconsciente colectivo, todo crea, todo materializa. La fórmula es: pensamiento visual, emoción y decreto. Las intensidades de cada factor no importan y tampoco importa si algún factor está bloqueado por el Ego, todo se materializa como se crea, con o sin bloqueo. Es decir que si mi emoción es miedo, el cual es bloqueo, creo miedo en el pensamiento que estoy proyectando. Si en lugar de miedo genero certeza, el pensamiento visual generará certeza.

PRODUCTOR: Este arquetipo moldea la consciencia del trabajo y de la capacidad de producir o no producir bienes. Los paradigmas detrás del concepto del trabajo son tajantes: "debes ganar el pan de cada día con el sudor de tu frente", "todo lo bueno cuesta", "hay que partirse el lomo para ser alguien importante en el mundo de los negocios", "hay que cometer muchos errores y perder para poder ganar". Y la evolución nos sorprende con niños que, a sus escasos 10 o 12 años ya son millonarios, que producen y generan bienes. El Ego genera, por lo tanto, la experiencia dolorosa que destruye la dinámica natural del trabajo. La actividad en el ser humano es vital y se relaciona con la energía vital que procesa. El Ego se encarga de los vicios de la pereza, la inseguridad y los errores entre otras experiencias y emociones que provienen del miedo a ser herido por lo que hacemos. El productor requiere emociones para expandirse mental, emocional o materialmente. Hay quienes se enfocan en producir emociones, como los artistas; otros, en producir cosas materiales y algunos más en producir imagen. El trabajo puede envolver la vida tan intensamente que genera la sensación de que se la roba y genera la experiencia de la esclavitud. Por eso asocian el trabajo con sacrificio, dolor y esclavitud. ¿Hasta dónde se puede crecer?, ¿hasta dónde se puede producir?, ¿hasta dónde se puede satisfacer al otro?, ¿hasta dónde lo que producimos está en sintonía con el Yo Soy, llenando de satisfacción a quien lo expresa en lo que hace?

PERFECCIONISTA: En este arquetipo se moldea la consciencia de lo que hacemos para que lo hagamos lo mejor posible dentro del equilibrio de ser fieles a nosotros mismos y no intentar dar gusto a los demás; pero, también entender que nuestra contribución puede moldearse por la perspectiva de otros para tomar la forma final que perdurará en el planeta. El Ego aquí sintoniza con la tendencia a ver todo negativamente, solo se ve lo malo o todo le parece mal. Esto bloquea el trabajo propio por llegar este a ser el objeto de juicio. El punto de referencia aquí para madurar el arquetipo al Yo Soy es que lo que hagamos sea congruente con nuestras propias ideas, con su peculiaridad y particularidad. Por otro lado, este arquetipo nos lleva a comprender en consciencia el valor intrínseco de cada propuesta, idea, pensamiento o creencia, aunque no estemos de acuerdo con ella o el proceso por el cual cada ser esté atravesando al surgir.

MENTOR: Este arquetipo moldea los procesos que tienen que ver con la recepción de la información de seguridad. Nos lleva por caminos de procesamiento de frustraciones, superación de los propios errores y, por el lado constructivo, nos lleva a valorar la dirección o enseñanza que facilita el camino de desarrollo de potencialidades y desarrollo. El Ego se encarga de bloquear la información de seguridad, sintonizando con las experiencias que lastiman la autoestima, alimentando la inseguridad. La consciencia se desarrolla cuando tomamos en cuenta, en nuestros procesos de desarrollo, la presencia de aquel o aquella que nos provee de información de seguridad.

FEMENINO: Este arquetipo se relaciona a los procesos de entendimiento y valoración de la belleza en todos sus sentidos, ángulos, experiencias emocionales y espiritualidad. El Ego se encarga de crear aversión, asco, desagrado y, con mayor frecuencia, el rechazo. La experiencia es hacia uno mismo, la cual fragmenta y quiebra por completo nuestra experiencia en el aquí y el ahora y, de forma más profunda, nos lleva al deseo de dejar de existir. Hacia lo externo, nos lleva a la separación, la desaprobación, división y juicio instantáneo. Este arquetipo moldea las experiencias para generar la consciencia que se encuentra en todo porque todo es Dios y Dios somos nosotros. La dualidad de belleza-fealdad se visualiza al fin como una ilusión, ya que hay belleza y fealdad tanto en la luz como en la oscuridad. Todo está en qué y cómo elegimos vivirlo.

MASCULINO: Este arquetipo moldea la disposición que tenemos a expresar nuestros talentos y, aún más, nuestras vanidades. La crítica, el juicio y el valor que nos damos y, por consecuencia, que los demás nos dan, son el juego del Ego. Los talentos van directamente unidos a nuestra esencia, a nuestro Yo Soy y a alcanzar la seguridad de expresarlos en su autenticidad, en su forma única, más allá de lo que otros digan o piensen y, peor aún, más allá de lo que nosotros mismos pensamos de nosotros y de lo que somos capaces de dar. Los porcentajes de nuestros talentos que estén invadidos o mezclados con nuestro Ego, formarán la dinámica que nuestra alma necesita para recopilar la información de lo que no somos; es decir, de qué significa no existir: la muerte. Contemplarse cuando se expresa en pureza de ser y en autenticidad es poner atención en nuestra energía única. Si a esto se le llama vanidad, bendita sea, pues en su justa dosis colocamos energía vital en nosotros mismos y expandimos vida en esa autocontemplación, una acción totalmente divina. Esconder nuestro talento es morir, experimentar el no ser, huir del riesgo de la opinión o juicio ajeno, ahogar la vida que vibra en nosotros al no querer expresar la importancia de ser en nuestra autenticidad y perfección.

CONSOLIDAR (PAREJA O GRUPOS): Este arquetipo moldea la experiencia y la consciencia del Yo Soy proyectado en compañía de pareja o grupos. Es entender cómo nuestro ser intercambia y mezcla vibraciones para formar unidad. La dinámica de pareja y grupos tiene su propio proceso. Comprender la dinámica de los ciclos, en cualquiera de las dos experiencias, es clave en el proceso de consolidar la unión. Los ciclos son la vida de las relaciones y son imposibles de detener. Todo avanza, todo cambia, en nosotros y en los otros. Si logramos obtener la consciencia de esta dinámica en la equilibrada conjunción energética individual, en pareja o en grupo, cada etapa o ciclo enriquecerá y profundizará en el gozo de ser unidad, en el entendimiento de la fusión de todo en Dios. El Ego trabaja en la amenaza de pretender dejar de ser en función del otro. El miedo a no existir se vuelve la fuerza del Ego, el cual separa, divide, frustra y engaña, en su ilusión, que somos seres amenazados por un enemigo llamado "tú".

SANADOR: Este arquetipo moldea la experiencia del autodescubrimiento, en que la capacidad de crear y materializar se extiende a la autopreservación y sanación personal. Cree en la capacidad de sanar, al igual que la de destruir. Sanar es entender la responsabilidad de recuperar al Yo Soy que somos por encima del Ego. En esta consciencia, se sana y deja que nuestro ser de Dios se reactive en mayor luz, actividad, vibración y expansión. Sanarnos en el tiempo que es materia y en el sin tiempo que es nuestra vibración interdimensional y expansiva. En la consciencia de sanarnos y sanar nuestro universo, uno mismo puede expandirse a sanar la familia, la ciudad, el planeta, el universo y los otros universos. El Ego se encarga de experimentar la impotencia ante los procesos degenerativos de los ciclos, de ceder el proceso a una creencia de impotencia y victimismo, el Yo Soy se sabe eterno, disfrutando de cada ciclo como dinámica de aprendizaje divertido.

MÍSTICO: Este arquetipo moldea los procesos de la experiencia de reconocimiento y entendimiento de la energía en la materia y sus procesos con el Espíritu de todo. El Ego se encarga de conectar únicamente con el mundo material y el Yo Soy de conectar con Dios, la consciencia se forja cuando hay un perfecto equilibrio de funcionamiento consciente entre lo eterno y lo cíclico. Estos dos factores se encuentran en la misma dinámica del Yo Soy, en el Origen, Esencia y Trinidad. Por lo tanto, la experiencia oscila en el péndulo de la negación de dos "mundos", el físico y el espiritual.

XXVIII

EL TIEMPO Y LA DISTANCIA

La dinámica del Yo Soy, cuando conecta con el mundo material que conocemos, entra en el tiempo y en la distancia. Fuera de la materia, el Yo Soy vibra en el todo y en un segundo eterno con todo lo que es en sí mismo, pero la materia lo desglosa y le permite procesar su autoconocimiento de una forma peculiar.

Gaia y su materia en perfecto equilibrio permite la encarnación, desde el espíritu hasta la experiencia humana. Es tremendamente creativa la historia que le regala al alma encarnación tras encarnación, permitiendo al Yo Soy experimentarse de muchas formas, con la única finalidad de generar consciencia a través del aprendizaje de la dinámica del amor en todas sus facetas posibles.

Experimentar la encarnación en Gaia no nos separa de nuestra multidimensionalidad y es el alma la que lleva la recopilación informativa de cada aprendizaje y del amor experimentado en cada dimensión. Hay mucha información de cada uno de nosotros que poco a poco vamos conectando según nuestro nivel de consciencia, la cual compartimos con algunos animales de Gaia y también con lugares o espacios de otras dimensiones que se dejan notar a través de nuestros sueños y meditaciones, momentos perfectos de actividad energética de nuestro cuerpo físico no biológico, cuerpos astrales, mental o emocional.

En cada encarnación vibra toda esta información y una vida no es suficiente para manifestar la totalidad de esta. No importa si estás encarnado en cuerpo de hombre o de mujer, la experiencia que hayas vivido en otras vidas se manifestará en forma femenina o masculina o en la combinación de ambas. Los cuerpos que se hayan habitado también se manifiestan energéticamente. El Yo Soy y el Ego son fichas de juego en el tablero de cada encarnación. Al final, volvemos a la diversión de Dios, quien se contempla a sí mismo en cada experiencia.

XXIX

LA REPARENTACIÓN

CON LOS SISTEMAS ANCESTRALES

La reparentación es un proceso necesario en el cierre de los ciclos de aprendizaje. Las líneas ancestrales proporcionan a cada uno de nosotros, en cada vida, información de la historia y evolución planetaria. En este cambio de la tercera a la quinta dimensión de consciencia, la reparentación implica sanación y desconexión de patrones patológicos, creencias parentales y cordones energéticos que el planeta ya no está en disposición de seguir conteniendo a través de los sistemas ancestrales.

El dominio que el Ego tenía sobre estos sistemas quedará en la historia con sus antiguos patrones y programas, la consciencia que estamos adquiriendo nos traerá dinámicas diferentes, con más expresiones positivas y un nuevo equilibrio. Los viejos paradigmas sociales que fundamentaban sus formas en la familia, desde papá y mamá, se están rompiendo y estamos conectados ya con la consciencia universal, el padre y madre en totalidad, generando nuevos programas de aprendizaje, lazos por esencia basados en el Yo Soy, nuevo equilibrio y un punto de ensamblaje en las líneas ancestrales.

Este proceso de sanación podría juzgarse como una gran falta de respeto a nuestros ancestros, ya que se están rompiendo los lazos familiares a través de los cordones energéticos que nos ligaban, los apellidos se limpian al grado de anular la herencia de dolor y sufrimiento que marcaban las historias escondidas detrás de cada secreto de familia y también forma parte de las creencias y paradigmas que desaparecerán, ya que, al verlo con ojos renovados al sanar y liberar estos patrones destructivos y dolorosos, honramos definitivamente a nuestros ancestros.

XXX

LA LIBERTAD DEL YO SOY

EN EL ESPÍRITU

La libertad es una conquista y se logra cuando se obtiene y expande nuestra consciencia. Los juicios desaparecen y comenzamos a conectar con el mundo de forma más clara, amable y auténtica con los demás.

La libertad es vivir desde la flexibilidad de nuestra perspectiva y punto de vista del otro, es experimentar que todos somos parte del Todo y que todos somos vitales para el Todo y estamos en esto juntos. No hay separación y los esquemas y patrones son una ilusión. Somos sanadores de Todo y somos piezas importantes en el aprendizaje del Espíritu.

Espíritu es quien mueve todo en el Todo y cada Yo Soy se mueve en el Yo Soy total. A mayor consciencia, mayor libertad, paz y fluidez.

XXXI

APRENDER Y PERDONAR.

SALTO CUÁNTICO DEFINITIVO

Estamos en pleno cambio, nos ha tocado ver cómo se polarizan las experiencias de la tercera con la cuarta y quinta dimensión en nuestro planeta. Estamos en medio del colapso que eliminará de la faz de la tierra la guerra, autodestrucción, separación, culpa, baja autoestima, autolimitación y autocastigo. Son tiempos de perdonar porque todo ha sido perfecto, porque la oscuridad ha hecho su función perfectamente y ha dejado bien marcado el aprendizaje planetario y, por lo tanto, ya no es necesario el equilibrio de la luz y oscuridad de la tercera dimensión, la experiencia de la dualidad, oscuro-luminoso, masculino-femenino, bueno-malo, correcto-incorrecto. Toda la larga lista de experiencias de opuestos romperán paradigmas, dando a la humanidad una dinámica con más amor, igualdad, justicia, reconocimiento, cuidado y salud.

Se cierra un ciclo que sale para no volver a experimentarse sobre la faz de la Tierra y los seres humanos tendremos mayor margen de vida encarnada en tiempo y en salud. Los mares y la Tierra se recuperarán, el diálogo entre los habitantes de la Tierra se abrirá y se desarrollarán nuevas cualidades entre plantas, animales, minerales y personas. La capacidad de percibir y aprender de la dinámica interdimensional será más natural. Lo cuerpos involucrados en la experiencia humana estarán más integrados y evolucionados, el cuerpo cristalino madurará para eliminar el drama humano y el cuerpo creador materializará lo que su creatividad le inspire, motivado por el gozo y no por el deseo. El amor a la luz como a la oscuridad sanará los antiguos patrones de división y este amor, el cual es la única ley del Universo, instalará sus nuevas líneas de aprendizaje. Con esto y los cambios que se avecinan para el planeta, gozaremos, en pocos años, de una nueva Tierra y un nuevo Cielo en el que el Yo Soy y el Ego serán compañeros de camino y no como los enemigos que han sido hasta hoy.

Mara Luz. (2019). Mi Yo Soy [Lápiz sobre papel]. Monterrey.

CONCLUSIÓN

Somos seres espirituales eternos en un camino de autoconocimiento que crea la ilusión de la dualidad y separación. Solo en esta dinámica dual, existe un proceso dinámico que va sintonizando paso a paso la totalidad de la consciencia. En nuestra experiencia humana, este conocimiento de nosotros mismos nos conduce a una mayor armonía con los demás y con todo lo que existe. Cada persona tiene una combinación dinámica perfecta de origen, esencia y trinidad. Respetarla y aprender de ella es la máxima liberación interior que nos va armonizando y nos une en nuestra experiencia de vida con todo lo creado. Este camino de consciencia es el siguiente paso evolutivo del ser humano hacia la quinta y sexta dimensión.

La mejor manera de conocer la dinámica de nuestro Yo Soy es con la ayuda del Ego, el cual funciona exactamente de forma contraria a lo que somos para indicarnos lo que realmente somos en totalidad y perfección. Una vez que conocemos nuestro origen, esencia y trinidad, el camino de autoconocimiento será más claro y llevadero, liberándonos de las cadenas del Ego, el drama y la muerte.

¡Todo es perfecto, ordenado y divino! Solo falta entender cada vez más los procesos de nuestro universo en Gaia, un planeta amoroso, amable y rudo a la vez, el cual posee unas combinaciones perfectas para tener un aprendizaje más completo y multidimensional. Así que te dejo con esta pregunta: ¿cuál es la dinámica de tu Yo Soy aquí y ahora? Toma el valor de ser auténtico, el único camino para la realización, abundancia y sentido de vida.